시련과 고난,
그리고 영적 성장

시련과 고난, 그리고 영적 성장

금가람 지음

두드림미디어

프롤로그

어린 시절, 집에서 눈을 뜨면 모든 상황이 꿈이길 원했다. 천장에 비가 새고 쥐들이 넘나드는 화장실, 그중 부모님의 불화는 악몽이었다. 착한 일을 하면서 진짜 부모님을 기다렸다. 굳게 믿었다. 눈을 뜨기 직전에도 "이 모든 것은 꿈이야 제발, 제발"이라 생각했다. 주문을 외우듯 조용히 읊조렸다. 또 다른 학교의 삶이 펼쳐졌다. 초등학교 시절 유독 수줍음이 많았다. 내성적인 성향이었다. 5학년이 시작되자 용기를 내서 발표했다. 선생님께서 남들과 다른 내 생각에 "그럴 수도 있겠구나" 하고 칭찬해주셨다. 그 이후 발표 왕이 되었다. 모든 것을 해낼 수 있겠다는 자신감이 생겼다. 6학년이 되고, 부반장이 되었다. 임원이 되었지만 불안하고, 초조했다. 담임 선생님을 볼 때마다 공포와 두려움에 에워싸였다. '촌지의 차별'이라는 지옥 속에서 살았다. 심한 차별로 인한 눈물은 고스란히 상처가 되었다. 교회에 희망을 걸었다. 하지만 '예수 천국 불신 지옥'이라는 전도 내용이 창피했다. 종교가 뭐냐고 물으면 교회에 다닌다는 말을 아꼈고, 나일

론 신자라는 말을 자주 했다. 지옥이 있다는 자체가 무서웠다. 교회는 시기, 질투, 이간질, 위선, 그리고 어른들의 겉과 속이 다름을 빨리 알게 되었다. 세상은 희망보다는 절망에 가까웠다.

그래서 남들과 다른 삶이 필요했다. 다양한 직업을 40세까지 계획했다. '경험이 재산'이라는 문장이 좋았다. 경험은 내 인생의 나침반이 되었다. 인정을 받고, 직급이 오르고, 스카우트 제의를 받았다. 그 과정에서 가족과 불쌍한 사람들을 위해 큰 성공을 좇았다. 하지만 결정적인 순간, 그것을 택하지 않았다. 소소한 마음의 행복을 선택했다. 더 많은 부와 성공에 대한 길 앞에서 부질없다는 생각이 들었다. '인생 다 산 할머니 같다'라는 말도 자주 들었다. 연봉이 올라가는 제의에 "또 다른 곳을 가야 해서 나는 정상의 자리에서 떠난다"라고 말하며 레드카펫을 준비해달라고 했다. 힘든 상황에서 특유의 엉뚱함으로 장난도 많이 쳤다. 그 말속에는 농담과 진담이 섞여 있었다. 사람들은 내게 4차원이라고 키득키득 웃었다. 힘든 세상의 원인이 악한 돈이라는 생각이 들었다. 물질이 사람들을 괴롭힌다고 생각했다. 사람들의 마음에 행복이 깃들고 함께 웃는 시간이 좋았다.

삶 속에 특별한 씨앗이 심겼다. 다양한 직업 체험, 만학도에 도전하기도 하고 책 100권 읽기, 종교로 고통받는 가족과 사람들 구출하기, 토요일에는 성당, 일요일에는 교회에 가서 종교를 화합시키려고 노력하기도 했다. 그리고 결혼하기 위해《나는 1년 안에 결혼할 것이다》라는 책을 읽고, 100명의 남자와 만나고 커플이나 부부를 인터뷰하고, 웨딩플래너 교육을 수료하며 혼자서 결혼 날짜를 정해 상담도 했다.

이번에는 팜므파탈을 꿈꾸었다. 도전하는 자신의 얼굴을 거울로 보았다. 못하는 것들이 줄지어 있었다. 성관계를 하면 해산을 할 때의 고통스러운 장면이 계속 생각났다. 죄의 굴레에 사로잡혀 집중하지 못했다. 내가 살아온 신념이 무너지면서 흔들리고 있었다. 그래서 사람들의 '썩어 없어질 몸, 마음껏 써라'라는 삶의 방식을 선택했다. 온몸을 던져 하룻밤을 즐기기 위해 호텔에 갔다. 주변 사람들의 조언대로 남자가 이끄는 대로 했다. 다짐, 또 다짐했다. 결정적인 시간이 되었다. 둘만의 공간에서 그 남자는 "사랑해!"라는 말을 무한으로 반복했다. 위협을 느꼈고, 나를 해친다고 생각했다. 순간 살쾡이로 변했다. "내 몸에 손대면 죽여버린다"라는 말이 튀어나왔다. 어둠 속에서 두 손목과 팔을 맞잡고 뒹굴었다. 격투하듯 치열한 몸싸움을 했다. 상체는 돌쇠, 하체는 야생마 같았다. 무슨 힘이 솟았는지 괴력으로 밀쳤다. 서로에게 미친년, 미친놈으로 남았다. 이때를 생각하면 피식하고 헛웃음이 난다. 이 세상에 대한 회의와 하느님이 계시지 않다는 생각에 인생을 막살고 싶었다. 기도 중에 '왜 사람들에게 생육하고 번성하라'라고 하시냐고 아기 낳는 기계냐고 따져 물었다. 나는 답을 찾고 또 찾았다. 주변인들에게 결론을 전했다. 새로운 책을 꺼내들었다. "나답게 살 거다"라고 했다. 지금껏 만난 남자들은 좀비 같다고 생각해 다른 나라 남자를 생각했다. 숨 막힘이 배가 되었다. 선 자리가 이어지면서 답답해졌다. 숨이 계속 쉬어지지 않았다. 그래서 피톤치드가 가득한 공원에 자주 갔다.

맨정신으로 살 수 없어서 술에 도전했다. 어떤 사람들은 맥주 한잔에 행복감이 커진다고 했다. 그 일상이 부러웠다. 스트레스 해소를 위해 술을 마셔보았다. 그 후, 발등과 허리까지 벌에 쏘인 것처럼 부풀었다. 발끝에서부터 복부와 얼굴까지 울퉁불퉁한 반점이 올라왔다. 가려움증이 심해서 응급실에 갔다. "벌에 쏘였어요? 온몸에 풀독이 올랐나요?"라며 놀란 반응을 보였다. 명절 연휴라 담당 의사가 없어 약만 먹고 견뎠다. 긁으면 안 된다는 말에 밤마다 옥상에 올라갔다. 가려움을 견디기 위해 전위예술을 하는 듯 이름 모를 학춤을 추었다. 순간 욥기가 생각났다. 기왓장으로 몸을 긁던 장면이었다. 검은 고양이가 빤히 쳐다보고 있었다. 머쓱했다. 술 마시는 것도 참 어려웠다. 맛있는 음식을 먹는 것도 과민성 장염으로 힘들었다. 화학조미료에 즉각 반응했다. 그래서 늘 긴장했다. 인생의 낙을 찾다가 미친 세상보다 내가 더 미칠 것 같았다. 괴성을 질렀다. "이런 쉣! 쌍샤갈, 쌍샤브레, 씨발라 먹을 놈의 인생사!"라고 내뱉었다. 배운 욕은 찹쌀떡처럼 입에 착착 붙었다. 힐링되고 치유된다는 조언과 달리 무거운 죄책감에 시달렸다. 영혼의 절규가 또다시 숨통을 조였다.

이번에는 사주를 보는 사람과 철학자 100명 만나기에 도전했다. 그러다 100이라는 숫자에도 지쳐갔다. 그들은 유도 질문과 눈치 점으로 장사를 했다. 미칠 노릇이었다. 화가 치밀었다. "인생 그렇게 살지 마세요!" 하고 자리를 박차고 나온 적이 많았다. 그러나 그 과정에서 두 분이 예외였다. 맞지 않으면 복채를 환불받는 김 도사님이 계셨다. 김 도사님은 달마 스님과 하회탈의 이미지였다. 내가 앉자마자 핸드폰을 꺼내 녹음하라고 하셨다. 남들과 다르다고 생각했다. 힘들어도 속마음을 말할 사람이 없었던 때였기에 나는 김 도사님을 생각날 때마다 찾아갔다. 하루는 "종교는 없지만 제게는 신성이 있어요"라고 했다. 신성이라는 말에 스스로 의아했다. 다음은 부산대학교 근처 골목길을 걸었다. 타로 카페가 보였다. 어느 교육자분이 운영하시는 곳이었다. 그분은 내게 "땅의 것에 관심이 없고 점점 하늘의 것을 추구하게 된다. 남들처럼 평범한 삶을 산들 만족하지 못한다. 하늘의 것을 찾는 마음이 더 커질 거다. 어떤 상황에도 초긍정의 힘이 크다. 천년에 한 번 나올까? 말까? 하는 귀한 열매다"라고 하셨다. 칭찬 같기도 하고, 아닌 것 같기도 했다. 이해가 되지 않아 갸우뚱했다. 집에 와서 '하늘의 것?', '하. 늘. 의. 것'이라는 말이 계속 맴돌았다. '이 몹쓸 자본주의 사회에서 내가 무엇을 할 수 있을까?'라고 생각했다. 내 마음속 깊이 묻어둔 무언가가 꿈틀거렸다. 소소한 행복감을 살 수 없는 징글징글한 세상을 증오했다. 지금 할 수 있는 게 없어 점점 힘을 잃어갔다.

육신과 영혼이 따로였다. 이 시간에서 벗어나고 싶을 뿐이었다. 현재에서 과거의 시간을 넘나들었다. 그 시간 속 거울이 내면을 비추었다. 모든 것이 틀에 박혀 있어 할 수 없는 것이 많았다. 제대로 할 수 있는 게 하나도 없었다. '무슨 이런 삶이 있을까? 왜 태어난 것일까? 하늘에서 누가 날 밀었던 거 아니야?'라는 반문이 들었다. 점점 영혼이 피폐해졌다. 나 자신이 죽을 만큼 싫었다. 사회 부적응자 같았다. 그렇게 또 시간이 흘렀다.

갑작스레 몸에 적신호가 찾아왔다. 걸음을 걷지도, 앉아 있지도 못했다. 몇 개월 누워 있게 되었다. 무언가가 활동적인 내 두 발을 묶은 것 같았다. 우울감이 가득했다. 죽고 싶은 마음이 스쳤다. 이 세상에 미련이 없었다. '건강 하나는 남았겠지?'라고 생각했는데, 가진 것도, 남은 것도 아무것도 없었다. 한 치 앞도 모르는 게 인생이라 했던가. 참으로 비참했다. 그러나 그동안 회피했던 것들을 생각할 수 있는 계기가 되었다. 보이지 않는 세계에 눈을 뜨기 시작했다. 전생과 윤회, 고도 문명, 외계인, 세계 7대 불가사의 등이었다. 많은 책을 읽어 내려갔다. 그 결과, 흰색은 종이요, 검은 것은 글씨로만 남았다. 계속 다른 누군가의 지식 안에서 맴도는 미로에 갇혔다. 현실과 내면의 괴리감이었다. 그러다 영적 성장을 위한 책《외계인 인터뷰》, 《결국 당신은 이길 것이다》,《어느 요기의 자서전》,《초인생활》,《어느 요기의 자서전》,《영혼들의 여행》,《허공의 놀라운 비밀》을 읽게 되었다. 실로 놀라웠다. 그동안의 의문이 마구 쏟아져 내렸다. 부메랑처럼 질문을 던지고 답을 받았다. 유쾌, 상쾌, 통쾌했다. 그중 최고의 책을 꼽는다면,《천국의 문》이다. 누군가는 SF 공상 영화냐고 반문했지만, 나는 그 책을 읽고 또 읽었다. 막힌 체증을 뚫어주는 귀한 책이었다. 잠자고 있던 내 내면세계, 빛의 세계로 들어갔다.

    생각과 마음, 그리고 의식의 중요성을 깨달았다. 우주의 법칙은 신비로웠다. 지난날 외부에서 성공과 부로 그 답을 찾았던 적이 있다. 하지만 정답을 몰라서 불평만 커졌다. 내 안의 생각, 마음, 그리고 의식이 전부였다. 성공을 향해 새벽에는 배달일, 오전에는 강의를 한 후 또 다른 일들을 동시에 했다. 몸은 다치고, 지쳐갔다. 에너지가 없었다. 의식의 세계를 더 빨리 깨우쳤다면 건강, 행복, 그 외에 풍요로운 모든 것을 누렸을 것이다. 하지만 한낱 인간의 육신에 갇혀 무한한 빛을 발휘하지 못했다. 오랜 시간 함정에 빠진 것 같았다.

    우리는 신성을 선물로 받았다. 신성은 거창한 것이 아니다. 누구에게나 존재한다. 신성으로 날개를 크게 펼쳐 미지의 세계로 날아오른다. 죽음 앞에서 아무것도 가져갈 수 없다는 질문이 내 머릿속에 가득 찼다. 순간 동물의 뇌파를 변형시킨 실험을 다룬 방송이 생각났다. 커다란 나무에 올라가 바나나만 따고 내려오는 원숭이가 떠올랐다. 실험에 참여한 원숭이의 눈이 너무도 슬펐다. 원숭이는 다른 생각은 하지 못한 채, 배고픔을 채우기 위해 계속 행동을 반복했다. 그것은 내 모습과 다르지 않았다. 붓다께서는 "지구에서 높은 자나 낮은 자나 부자나 가난한 자나 각자의 영혼의 등불을 삼아라. 진리대로 살면 붓다의 반열에 오르게 된다"라고 하셨다. 그리고 소크라테스도 "너 자신을 알라"라고 했다. 자신의 무지(無知)를 깨달은 것이, 참된 자아를 아는 것이 우주 최강의 힘을 줄 것이다. 그 답은 각자의 영혼만이 열 수 있다. 지금, 이 순간에도 영혼 불멸의 존재에게 질문을 던진다. '나는 누구인가? 어디서 왔는가? 어디로 가야 하는가?' 오직 나라는 존재에 집중한다. 그 답은 간절히 찾는 본인만이 알 수 있다. 육체라는 껍질의 포장지를 벗겨야 한다. 나는 미지의 세계로 눈부신 날개가 펼쳐지리라 믿는다. 누군가는 지난날의 상처, 편견, 교만, 에고의 벽으로 한 발짝도 지나갈 수 없을 것이다. 또 다른 이는 하찮게 여겨 그 값짐을 내동댕이쳐진다. 하지만 지혜로운 이는 영혼의 퍼즐을 찾아 더 높이 날아오르게 된다. 행복을 만끽하며 충만해질 것이다. 끝으로 이 책이 기억의 조각들로부터 진정한 당신을 찾는 초대장이 되길 바란다.

이 책을 마무리하며

창조주 아버지 하느님께 모든 영광을 돌립니다. 영화보다 더 재미있는 세상 속 진리를 깨우쳐주신 제1선지자 지구행성 대표 슈카이브 님께 영혼의 감사함을 전해드립니다. 가이아 어머니, 대천사장님, 천사장님, 하늘의 천군천사, 무지개빛 사랑 엘레나 님, 상위 영혼, 수호 천사, 그리고 넘어져도 승리를 완주하고 있는 빛의 가족에게도 감사드립니다.

금가람

차 례

프롤로그 ··· 4

1장 이번 생은 망한 인생

전생이란 단어 ··· 17
악몽의 시작 ··· 24
지구별에서의 죄수 명 김득경 ··· 31
부정의 언어 과다 섭취 ··· 39
마법의 주문 ··· 46
영혼이 폭발한 분화구 ··· 53

2장 시련은 기적이었고, 고난은 축복이었다

지금은 실패 이력서 접수 중이다 ··· 61
또 다른 자아 칸타타 ··· 67
눈부신 별 ··· 74
인생의 가나안을 위해 ··· 82
나는 르네상스적인 인생을 계획한다 ··· 90
고난 돌파의 힘 ··· 98
시장 체험 일지 ··· 106

3장   신성을 회복하지 않으면 모든 애씀이 부질없다

초록을 배달하다 ··· 117
신천지에 빠진 부모님들을 구하라 ··· 126
이별 후 아픔의 총량 법칙 7년 ··· 134
예수님은 외계인 ··· 141
신성을 회복하지 않으면 모든 애씀이 부질없다 ··· 149
종교의 종지부 종소리가 울렸다 ··· 156
인어공주 ··· 161

4장   기억하라, 당신은 세상의 빛이다

위드 코로나 속에서 주신 메시지는 무엇인가? ··· 171
이즈비라는 말이 떠나지 않습니다 ··· 179
기억하라. 당신은 세상의 빛이다 ··· 188
2월 14일, 김도사 님을 만나다 ··· 196
어둠 지옥의 탈출 ··· 206
인생의 2막, 26살이 되어버린 금가람 작가입니다 ··· 213

1장

이번 생은 망한 인생

전생이란 단어

최근 전생을 과학적으로 입증되는 이론들이 많아졌다. 각종 매스컴에서 전생을 담아낸 스토리가 많이 보인다. 현세의 삶이 묻어나는 드라마와 영화 같은 이야기들이 이제는 시공간을 넘어 전생을 기억하고 현실에서 증명하는 이야기까지 폭이 넓어졌다. 휴먼 판타지 내용이 집중하게 만든다.

어린 시절, 기억하는 단어 중 하나가 전생이다. 그 단어를 처음 들은 곳, 부산의 추억으로 들어가 보겠다. 항대표적인 항구 도시인 부산은 바다가 참 많은 지역이다. 그중 관광지로 잘 알려져 있는 광안리, 송정, 기장, 태종대, 해운대가 있는 곳이다. 바다를 보고 있으면 마음이 평화로워지고, 눈이 정화된다. 자연의 순수한 아름다움이 참으로 경이롭다.

나는 바다의 이미지와 거리가 먼 연지동이라는 곳에서 어린 시절을 보냈다. 단칸방에서 네 식구가 함께 생활을 했다. 사생활이 보장되지 않고, 씻는 것도 밖에서 해야 했다. 춥거나 더운 날씨와 늘 함께해야 했다. 화장실에는 쥐가 다니고, 재래식 화장실이라 아래를 보는 순간, 온몸이 떨릴 정도로 무서웠다. 벽에는 곰팡이가 피어 있고, 천장은 비가 새서 비가 오는 날은 물동이를 놓아둬야 했다. 미닫이 문은 잠기는 부분도 빽빽하고 아무도 없을 때는 누가 왔다가도 모를 곳이었다. 안전과 보안이 보장될 수 없는 집이었다.

나를 힘들게 했던 것은 가족이다. 그중에서도 부모님의 불화 속 싸움이었다. 아버지는 술을 드시고 오시면 밤새도록 욕설을 하시거나 어머니와 다투거나 했던 말을 무한 반복했다. 물건을 집어 던지거나 소리를 지르는 것이 동이 틀 때까지 계속되었다. 집 안 물건들은 천장과 벽을 향해 던져져 깨지고, 부서졌다. 너무 창피하고 부끄러웠다.

연지초등학교 담벼락 뒤로 오밀조밀 모여 있는 주택가 중 방 한켠에 살았다. 학교와 집 사이의 거리는 왜 이리 가까운 건지 원망스러웠다. 수업을 마치고 집에 돌아오면 핏자국과 유리 파편들이 좁은 방을 메우고 있었다. 잠에서 깨서 어머니께 폭력을 행사하는 아버지를 말리다가 밤새 피눈물을 흘린 적도 많았다.

어머니는 "내가 전생에 무슨 죄를 지어서 이렇게 사는 거야?"라는 말을 자주 하셨다. 어린 나이에도 어머니가 측은했다. 가해자는 아버지, 피해자는 어머니 같았다. 나는 당시 소극적이고, 부끄러움이 많았고, 낯가림이 심해서 말을 잘 하지 않는 성격이었다. 어른이라도 거북한 말을 하면 불편함을 몸으로 많이 느꼈다. 직감적으로 반응이 와서 말을 하지 않았다.

나는 부모님으로 인해 굉장히 마음이 아팠다. 어느 누구와도 말을 하고 싶지 않았다. 그때부터 마음의 통증을 느끼고 억울하거나 답답한 일이 생겨도 표현을 하지 못했다.

어른들이 내게 말을 걸면 나는 두 눈으로 쳐다만 볼 뿐 대답을 하지 않았다. "많이 부끄러운가 보네" 하고 짓궂게 반복적으로 질문하는 사람도 있었고, "말을 못 하나 보다" 하고 휙 하고 돌아서 버리는 어른도 꽤 있었다. 나는 속으로 '제발 아는 척하지 마세요. 숨 쉴 수가 없으니 제발요'라고 온몸으로 소리쳤다. "눈이 초롱초롱하구나" 하고 내게 다가오면 나는 두 눈을 흘겼다.

부모님은 새벽까지 싸우신 뒤, 아침이 되면 아무렇지 않은 듯 대화를 나누셨지만, 나는 말을 하고 싶지 않았다. 솔직히 말을 섞고 싶지 않았다. 아프고 힘든 일을 부모님께 친구처럼 말하는 아이들이 부러웠다. 그런 일들을 자주 겪으면서 무례한 행동을 하는 사람들을 말없이 관찰했다. 속마음을 전하는 것은 아무도 없는 곳이었다. 자연을 보거나 식물과 동물, 그리고 인형에게 했다. 믿을 수 있는 사람이 없고, 나를 보호해줄 이가 없다고 생각했다. 나를 이상하게 볼 것임을 알았기 때문이다.

날마다 눈물로 베갯잇이 젖었다. 가족은 당신들의 아픔이 커서 내 아픔에 관심이 없었다. "어린 네가 뭘 알겠냐"고 외면했다. 타인의 감정보다 자신들의 고통이 크셨다. 우리를 헤아릴 여유가 없었을 것이다. 아버지는 보수적이고 가부장적인 사람이었지만, 술에서 깨면 180도 다른 모습으로 딸바보처럼 내게 농담을 자주 하고 재미있는 사람이었다. 밤과 낮의 다른 모습은 큰 괴리감을 가져다주었다. 아버지는 오빠는 '남자는 강해야 한다'고 무섭게 대하셨다. 하지만 오빠에게는 남아 선호 사상이 강한 어머니가 계셨다.

아무렇지 않은 듯 며칠이 지났다. 잠을 자고 싶은데 대문 밖에서부터 술주정 소리가 들려온다. '오늘 밤도 잠을 잘 수 없겠구나' 했다. 예상은 적중했다. 또다시 시작된 싸움 소리와 고래고함이 무한 반복되어 내 신경을 날카롭게 했다. 어릴 때부터 예민한 탓에 과민성 대장증후군이 있었다. 불안감이 엄습하면 배는 더 아파왔고, 밖에 있는 화장실에 가기가 무서웠다. 공포보다는 고통의 장소를 선택할 때가 많았다.

아버지는 오빠와 나를 깨워서 주머니에서 동전과 지폐를 꺼내 높이 쌓아 우리에게 주시며 허무맹랑한 말을 하기 시작했다. 복권 종이도 보였다. 그 당시 아버지는 우리를 위해 이런 고생을 한다는 둥, 너희들이 아냐는 둥 이야기하시며 우리의 무거워진 눈꺼풀을 보면서도 잠을 깨웠다. 어머니는 "애들 잠 못 자게 하지 마"라고 하셨고,

그러다 다시 부부 싸움으로 번졌다.

우리에게는 잠을 자라고 했지만 바로 옆에서 부부 싸움을 해서서 잠을 잘 수 없었다. 나의 도둑 눈물은 계속되었다. 영혼으로 울어댔다. 이웃분들에게도 매번 피해를 주었다. 이사도 많이 다녔다. 집에만 가면 하루하루가 지옥이라는 생각을 했다. 지옥이 있는지도 모르겠다.

긴 밤이 지나고, 밝은 태양이 떠올랐다. 밤새 아무 일도 없던 것처럼 학교에 갈 준비를 했다. 부엌에서 요리하는 어머니가 보였다. 보기만 해도 불편한 구조와 열악한 부엌 환경이 내 마음을 더 아프게 했다. 어머니는 가재미조림 반찬을 만드시다가 또다시 "전생에 원수를 만난 거야?" 하며 눈물과 울분을 토하셨다. 그 소리에 내 심장에 고슴도치의 가시가 박히는 것 같았다.

어린 나이에 반복되는 전쟁과 같은 일상에 전생이라는 말을 계속 생각하게 되었다. 나는 말을 잘 안하다가 중요한 부분에 대해 기억을 잘해서 총명하다는 소리를 종종 들었다. 하지만 너무 놀라거나 겁에 질리면 그 감정을 입 밖으로 내뱉지 못했다. 이러한 환경은 나의 공상과 상상력을 발달시켰다.

나는 눈물이 많은 만큼 웃음도 많았다. 집에 가면 몸이 경직되었지만, 바깥세상은 내게 호기심 천국이었다. 마음이 맞는 친구와 인형

놀이와 상황극을 했고, 혼자서 상상의 나래를 펼치기도 했다.

하루는 친구 집에 가게 되었는데, 그 친구에게 혹시 너희 부모님께서도 싸우실 때 전생 이야기를 하냐고 물었다. 친구는 자기 집도 그렇다고 했다. 친구 어머니는 살아가는 이유를 모르겠다고 하셨다고 했다. 나는 집에 와서 생각했다. 다락방에 올라가 짐이 쌓인 틈에 웅크리고 앉아 생각했다. '나는 전생에 나쁜 일을 많이 해서 이런 곳에 태어났을까? 진짜 부모님은 마음도 따뜻하고, 부유하신데 내가 나쁜 일을 해서 벌을 받고 있나 봐. 착하게 살고 있으면 모든 것은 꿈이었다고, 날 찾으러 오실 거야'라고 생각의 결론을 내렸다.

> 욕지전생사(欲知前生事) 전생의 일을 알고 싶거든,
> 금생수자시(今生受者是) 금생에 겪는 것이 바로 그것이다.
> 욕지내생사(欲知來生事) 내생의 일을 알고 싶거든,
> 금생작자시(今生作者是) 금생에 짓는 업이 바로 그것이다.
>
> -《법화경》중에서

'전생'이라는 단어는 어린 시절에만 국한된 것 아니라 내가 44년을 살아오는 동안 계속 의구심을 품게 했다. '나는 지구에 왜 태어났을까?', '가족과의 관계에서 왜 이런 일이 일어나는 걸까?', '이 상황에서 무엇을 배워야 할까?' 하는 의문이 밀물처럼 밀려든다.

수천 년간 철학자나 과학자, 일반인에 의해 제기되어온 의문인데, 문학과 종교, 그 외의 셀 수 없는 자료에서도 답은 없었다. 다만 일맥상통하는 부분이 있다면 '중요한 것은 외부가 아니라 우리의 내면에 있다'라는 것이다. 이 말이 내 마음을 변화시키고 파동을 울린다.

항상 문제에는 답이 있고, 나는 구체적인 답을 꼭 찾을 것이다. 미래로 나아가 내 삶의 목적과 의미를 찾는다면 지옥 같은 지구, 원수 같은 인간관계 속에서 부정을 넘어 긍정의 영향을 주고받을 수 있을 것이다. 나는 전 세계적으로 선한 영향력을 끼치는 아름다운 사람이 될 것이라 확신하고 오늘도 한 걸음 내디뎠다.

악몽의 시작

사람들은 잠을 통해 꿈을 꾼다. 꿈 종류만 해도 심몽, 정몽, 허몽, 백일몽, 예지몽, 악몽 등 다양하다. 학문 분야에서는 실체를 규명하기 위한 노력을 하고 있다. 심리학에서는 인간의 무의식을, 역학에서는 예지력과 초능력에 초점을 맞추는 양상을 띠고 있었다.

어린 시절, 꿈의 종류를 정의할 수 없지만 나는 살아나가기 위해 미지의 세계를 꿈꾸었다. 그 당시 유행했던 사람 크기만 한 양배추 인형, 고깔모자를 쓴 요정, 뿔이 달린 유니콘, 금방이라도 꽃을 찾아 떠날 것 같은 꿀벌 인형 등이 내가 유일하게 갖고 싶다고 떼쓸 수 있는 것들이었다. 그중에서도 하늘을 나는 유니콘 인형을 보면 슬픔이 지나가고 행복한 웃음이 나왔다. 머리에는 뿔이 있고 새하얀 몸에는 무지개 모양의 날개가 있었다. 좁은 방 가구 위를 채우고 있었지만, 내가 원하면 언제든 행복을 펼쳐주었다.

나는 눈을 뜨면 현실을 자주 부인했다. 꿈속은 너무도 고요하고 행복한데 한편에서는 신경질적이고, 언성 높아진 소리가 집안을 메우고 점점 날 향해 다가온다. 꿈속에서 '날 깨우지 마! 제발 부탁이야!' 하고 간절하게 기도했다. 그러다 눈물이 맺힌 채 잠에서 깬 적도 있다.

내가 마주한 현실의 악몽은 술과 연관되었다. 나의 악몽을 연상시키는 것은 술이었다. 소주, 맥주, 양주가 과하게 섞여 역한 냄새가 났다. 그것은 아버지의 직업이었다. 아버지는 서면에서 술장사를 하셨다. 룸살롱 술집 아가씨를 관리하며 비싼 술을 파는 사장님이셨다.

5~6살 때쯤이었지만, 그곳 사람들의 감정이 느껴진다. 어두컴컴한 가운데 술병이 한가득 보인다. 유리잔들도 수북이 쌓여 있었고, 주방 안에는 과일 안주를 손질하는 이모님들도 보였다. 술집 직원들이 "어머, 사장님 딸이예요?" 하며 몰려들더니 내 볼을 만지고 꼬집었다. 이것이 반복되자 나는 고개를 홱 하고 돌려 아버지의 어깨에 얼굴을 숨겼다.

그 뒤에도 아버지께 안긴 채 술집 직원들과의 대화 속에서 나에 관한 관심이 느껴지면 불편한 감정을 드러냈다. 어리다고 해서 모를 거라고 생각하는 것은 착각이다. 언어는 꼭 소리로 나타내는 말로만 존재하는 것은 아니다. 표정과 몸짓으로 언어를 표현할 수 있다.

그 뒤로도 아버지는 어린 나를 친구들이나 술자리 장소에 자주 데리고 다니셨다. 내 마음도 모른 채 아버지는 너털웃음을 지으셨다. 대조적으로 나는 계속 불편함이 몸으로 표출되었다.

눈을 뜨면 현실의 무지개 색감은 적나라했다. 세상이 시뻘건 피를 연상시키는 빨강, 새들의 먹잇감이 되어 터진 감의 주황, 부담스러운 샛노랑, 싱그러움 속에 스며든 섬뜩한 초록, 얼음처럼 차디찬 파랑, 해 질 녘 어둠을 삼킨 남색, 뜨거운 물 속에 들어가 본연의 색을 잃은 보라색처럼 보였다. 숨이 턱턱 막히는 하루하루의 적나라한 색감이 잔인할 뿐이었다.

아버지는 하루가 멀다고 술을 드시고, 생활고가 지속되었다. 가정통신문에 안내된 준비물도 못 사고, 반찬도 계란밥을 먹으면 행복해할 정도였다. 슈퍼에 가서 외상을 하는 심부름도 자주 있었다. 내성적인 나는 붉어진 얼굴을 뒤로 하고 수줍게 말했다. 슈퍼 주인이 친구 부모님이셨다. 친구와 마주한 날에는 없는 쥐구멍이라도 만들어서 꼭꼭 숨어서 안 나왔을 것이다.

어느 날이었다. 두 부부가 아버지를 찾아왔다. 중년의 나이로 보이는 아저씨는 풍이 오셔서 팔, 다리에 마비가 있어 거동이 불편해 보였다. 좁은 공간이 더 꽉 차 버렸다. 모퉁이에 있는 작은 책상에서 오빠가 공부하기 시작했다. 나는 뭘 할지 몰랐고, 어디에 앉아 있어야 할지도 몰랐다.

　아주머니는 열심히 공부하는 오빠를 칭찬했다. 어른들이 아이들에게 하는 칭찬의 말이 거북했다. 그 말이 불편한 무언가를 포장한 말이라고 느껴졌기 때문이다. 칭찬이 끝나기가 무섭게 아주머니는 날카로운 목소리로 돈을 언제 갚을 거냐고 말씀하셨다. 옆에 계신 아저씨를 가리키며 이 몸으로 돈을 벌 수도 없다며 갑자기 울분을 토하셨다. 아버지는 지금 수금을 못 했다고 하셨다. 아주머니는 최대한 빨리 달라고 재촉하셨다. 술 가게 운영이 쉽지 않음을 직감했다.

　아버지는 또 술을 드시고 오셨다. 그날 밤 술주정 레퍼토리는 수금을 받아야 할 명단이었다. 그 명단들을 읊으시며 이 사장 500만 원, 박 사장 700만 원, 최 사장 900만 원, 총합이 5,500만 원, 각자 자신의 형편이 어렵다 해서 수금을 할 수가 없다고 하셨다.

　그 모습이 짐승 같았지만, '아버지도 마음이 여려 돈을 많이 벌 수 있는 사람은 아니구나', '장사 체질은 아니구나' 생각했다. 아버지는 매번 계속 수금하러 간다고 말하고선 술에 취해 온 날들이 많았다.

　술주정 중에 갑자기 부산에서 유명한 조직폭력배 파 이름을 말하면서 자신 있게 모르는 사람이 없다고 말하며, 그들이 가게에 왔다고 이야기하셨다. 나는 궁금하지도 알고 싶지도 않다. 연예인 한번 보고 마치 잘 아는 듯 이렇다 저렇다 자랑하는 아이처럼 보였다. 아버지 언행이 부끄러움과 창피함으로 다가왔다.

집으로도 빚 독촉 전화가 자주 왔다. 아버지를 찾는 전화인데, 부모님이 시키는 대로 안 계신다고 말했다. 거짓말을 해야 하는 나 자신이 싫었다. 그래서 전화를 안 받고 싶다고 했다. 전화벨 소리에 머리가 쭈뼛거리고 가슴이 철렁 내려앉았다.

오늘은 평화로우려나 할 때 또 전쟁이 시작되었다. 부모님의 다툼은 더 심해졌다. 이번엔 어머니가 나가셨다. 싸움 후에 어머니는 심장이 계속 안 좋으셔서 청심환을 자주 드셨다. 화병이 머리 쪽으로 올라와서 통증을 호소하셨다. 이후 집을 나가신 어머니는 한약을 드시며 몸조리하고 계시다고 했다. 어머니가 돌아오지 않을까 봐 불안했다.

슬픈 하루의 끝에 오빠와 잠이 들었다. 귀는 왜 이리도 밝은지 깨지 않고 잠들면 좋으련만 인기척에 잠이 깼다. 술독에 빠졌다 나온 모습의 아버지가 보였다. 아버지는 전화가 끊겨 집 밖 공중전화기로 나를 데려가더니 동전을 꺼내시며 어머니께 보고 싶다고 말하라고 하셨다.

하지만 아버지께 직접 하시라고 했다. 아무도 안 보고 싶고, 혼자

이고 싶었다. 공중전화기에 줄을 선 남자분과 시비가 붙어 아버지 목 쪽이 붉게 달아오르고, 순식간에 상처가 생겼다. 몸싸움을 하다가 다행히 두 사람 다 쌍욕을 하면서 마무리되었다. 머리가 지끈거렸다. 부모님께 보호받아야 할 나이에 부모님 걱정으로 슬픔의 한계치에 달했다.

화가 나고 삐치면 집에서 일주일, 혹은 한 달간 말을 하지 않았다. 말을 하지 않는 것이 슬픔과 아픔을 표현할 수 있는 수단 같았다. 부모님은 답답해서 말하라고 소리를 질렀지만, 반항은 계속되었다. 더 말을 하지 않고 울었다. 소심한 복수였다. 그런데 매번 아프고 눈물이 나는 건 나였다.

문제가 해결되지도 않았는데 아무렇지 않은 듯 연기하기도 싫었다. 어릴 때부터 그림을 그리면서 마음을 달래었다. 언젠가 48색의 크레파스를 선물 받았을 때의 기쁨은 이루 말할 수 없을 정도였다. 나는 48가지 색 중 에메랄드 빛 녹색을 좋아했다. 내가 그린 그림 속에는 나만 아는 암호가 있었다. 동그란 작은 원 안에 귀여운 아기 물고기를 그렸다. 풍선처럼 그 안에 갇혔지만 언젠가 탈출하자는 의미였다. 선생님과 친구가 그 의미를 물어봐도 비밀로 했다. 스스로에게 위로가 되었다.

《달러구트 꿈 백화점》이라는 소설책을 좋아한다. 구매자가 꿈을 꾸고 깼을 때 긍정적인 감정을 느껴야만 꿈값이 지불되며, 트라우마를 극복할 때까지 판매자가 일정 간격으로 동일한 꿈을 꾸는 것에 동의한다는 글이다.

잠들어야만 입장할 수 있다는 설정이 어린 시절 믿기지 않은 현실과 맞서서 나만의 꿈을 꾸는 내 모습과 닮은 부분이 있다는 생각이 들었다. 칼날처럼 차디찬 환경 속에서도 자식을 버리지 않고 포기하지 않았던 부모님께 감사드린다. 그리고 글을 쓰면서 내면아이를 마주했는데, 자신만의 방법으로 이겨내준 나에게 사랑한다고 꼭 안아주었다.

지구별에서의 죄수 명
김득경

부산광역시 부산진구 연지로 29번지에 연지 초등학교가 있다. 연지동은 연못이 많이 있었다고 했다. 그 자리에 학교가 세워졌다고 한다. 조선 시대에는 이 못을 '연지언'이라 하지 않고, 새못이라는 뜻인 '신지언'이라고 불렀다고 한다.

몇 년 전, 모교를 찾아갔던 적이 있다. 30년이 지난 학교는 그 자리에 그대로 있었지만, 운동장과 건물들이 작아 보여 왠지 낯설었다. 새파란 하늘을 보며 눈을 감고 추억에 젖어보았다. 초등학교 추억은 봄 햇살처럼 따뜻함과 겨우내 차곡히 얼어붙은 차가움이 공존했다.

학교 정문 앞에서 추억이 주마등이 스쳐 지나갔다. 햇살을 보니 초등학교 5학년 담임 선생님이 먼저 떠오른다. 선생님과 함께한 시간은 너무 행복했다. 수줍음이 많고, 자신감이 없고, 자존감도 떨어져서 스스로도 답답해하고 있던 나에게 선생님은 자주 칭찬해주셨고,

그런 선생님의 칭찬 한마디에 용기가 샘솟았다. 한번은 친구들과 다른 의견을 발표했는데 선생님께서 "그럴 수도 있겠구나?" 하고 인정해주셨다. 발표상을 받고 싶어서 쉼 없이 손을 들었다. 발표할 때마다 받은 스티커를 붙이며 신이 났었다.

어느날, 웅변대회가 있었다. 웅변학원에 다니는 친구들이 신청을 했는데 나에게 도전장을 내밀었다. 나는 원고 쓰는 방법도 몰라 내 생각을 적었다. 대회날이 되었다. 앞의 친구가 멋지게 발표했다.
'할 수 있어, 해보는 거야' 다짐 후, "지금 제 얼굴은 홍당무가 되었습니다." 친구들의 웃음소리가 들린다. 선생님의 미소도 보였다. 화끈거리는 얼굴로 "이 연사 외칩니다" 하고 마무리했다. 다음 날 웅변 장려상을 받았다. 생각지도 못한 상에 기뻤다. 그 후로도 발표왕, 아이디어상, 착한 일 하는 어린이상 등 13번 가까이 상을 받았다.

선생님께서는 반 아이들 모두에게 칭찬을 많이 해주셨고, 상장에는 아이들을 향한 관심과 사랑이 묻어 있었다. 선생님의 진심이 담긴 구체적인 칭찬은 우리에게 용기의 날개를 달아주셨다. 그 힘은 무척이나 강했다. 힘든 집안 사정도, 앞으로 다가올 힘든 일도 아무 문제가 되지 않고 다 해낼 수 있을 것 같았다. 내 어깨에 자존감과 자신감이 우뚝 솟았다. 희망의 나라에 높이 오르기 시작했다.
세월이 지났지만 이 책을 통해 최석순 선생님께 마음을 다해 감사함을 전하고 싶다. "선생님, 감사합니다. 저희에게 주신 사랑으로 따뜻하고 행복했습니다."

학교 교문에 서서 눈에 보이지 않는 공기, 바람을 느낀다. 순간《어린 왕자》의 "중요한 것은 눈에 보이지 않아"라는 명대사도 떠오른다. 나는 눈에 보이지 않은 바람을 계속 맞으며 이번에는 얼어붙어 차가운 추억 속으로 들어가 본다.

띠리리리 리리리 띠라라라 라라라라 띠리리리리리리♪
지구별 행성에 도착한 죄수명 번호 19810928. 이름 김득경. 외계인 응답하라! 단디 들어라! 듣기나, 안 듣기나?! 안 듣기나 듣기나! 듣고 있제? 김득경이. 지옥 행성에서 45° 지점인 학교 감옥이라 도망칠 수 없다. 네가 할 일을 잊지 마라!

불길한 종소리가 울렸다.
나는 6학년 새 학기를 맞이했다. 문이 열리고 새 담임 선생님이 보였다. 미간에 힘을 주고 있고, 눈빛이 매섭다. 무서웠다. 내 기분 탓일까?

반장 선거가 있었다. 부반장 후보에 내 이름이 보였다. 열심히 공부해서 이런 기회가 주어진 걸까? 기분이 좋았다. 칠판에 투표가 결과가 보인다. 반장 1명, 여자 부반장 3명 중에 김득경이라는 이름이 있었다. 기쁨도 잠시, 임원들 어머님과 비교가 되면서 걱정이 되었다. 지금 잘하고 있는지 의구심이 들었다. 의논할 사람도 없는데 큰일이다 싶었다.

담임 선생님은 초반부터 다른 임원 아이들에게는 한없이 다정했지만, 나에게는 말이 거칠고 공격적이었다. 같은 공간에 있는 게 불편했다. 걱정과 불안감이 엄습했다. 나를 향해 매섭게 노려보는 게 더 심해졌다. 시선을 피해보았다. 마주치기 싫어 눈을 꾹 감기도 했다. 또 눈이 마주쳤다. 치가 떨렸다. 아무리 손을 들어도 발표를 시켜주지 않았다. 마음이 너무 아팠다. 아이들을 조용히 시키고 있는데, 나를 보며 더 시끄럽다고 편잔을 주었다. 대놓고 나를 싫어했다.
혼자 가서 궁금한 것을 여쭤보아도 소리를 지르고 화를 내셨다. 주눅이 들게 하는 건 일상이었다. 무안함의 연속이었다. 만화 속에 나오는 마귀할멈처럼 보였다.

아무에게도 고통을 말할 수 없는 불안 증세가 생겼고, 점점 더 심해졌다. 시험 날이 되면 눈은 문제를 보는데 읽을 수 없었다. 문제를 풀려고 하면 "넌 공부 잘해봤자 뭐해? 집도 가난하고 네가 배우고 싶은 미술도 못 하는걸? 부모님도 선생님도 친구들도 다 널 싫어하잖아! 공부 잘해서 뭐 하게?" 하는 목소리가 반복해서 들려왔다. 좌우를 둘러봐도 아무도 보이지 않는데 이상했다. 누가 있는 것 같은데 보이지 않고 소리만 들렸다. 그때부터 시험을 볼 때 빨리 답만 대충 찍은 후 눈을 꼭 감고 엎드렸다.

학교에서는 친구의 생일, 어린이날, 스승의 날, 운동회 날 등의 모든 행사에 임원 어머님들이 학용품이며 맛있는 간식거리를 보내셨다. 친구들 속에서 나는 계속 비교당했고, 주눅 들었다.

며칠 뒤, 학교 TV 방송 담당 선생님이 아침 방송에 체조를 할 아이들을 우리 반 담임에게 요청했다. 갑작스레 불려가서 체조 연습을 억지로 했다. 잠을 못 자 컨디션이 안 좋았다. 몸이 불편해서 동작이 외워지지도 않고 헷갈렸다. 나 혼자 틀린 팔동작이 아침마다 전교생이 보는 방송으로 나왔다. 학교 가기가 싫었다.

가을 소풍 전날이 되었다. 조회 시간에 선생님께서 "이번 소풍은 득경이 어머님이 반찬을 준비하셔야 한다." 공개 망신을 주시려고 작정하셨나 보다. 오늘은 위에서 아래를 내려보며 깔보는 눈이다. 오늘 아침도 간장에 밥을 비벼 먹었고, 쌀이 없다고 돈 때문에 싸운 목소리가 떠올랐다. "집에 반찬이 없으면 어떻게 해요?"라고 물으니, 선생님은 능청스러운 얼굴로 "김치라도 싸 와도 된다"라고 하셨다. 위하는 척 위장하는 말로 공격하고 있음을 느꼈다. 반 남자친구들은 그저 신나 "득 김치~ 김 김치~김치 기무치 ! 기무치치!"라고 말하며 자기네들끼리 신이 나 웃었다. 선생님은 별명으로 나를 놀리는 친구에 대해 제재가 없으셨다. 소풍도 없었으면 좋겠다.

학교에 가기 싫었다. 숨쉬기조차 답답해졌다. 개근상에 집착하는 부모님 성화로 무거운 발걸음을 내딛는데 복도 끝에서 "강태근은 김득경을 좋아한대요. 알나리깔나리", "방송 보고 첫눈에 반했대요. 알나리깔나리", "김득경 혼자 발동작이 틀렸대요. 틀렸대요" 하는 소리가 들렸다.

'휴' 짙은 한숨이 나도 모르게 나왔다. 나를 괴롭힘의 대상으로 찍은 것 같았다. 대응하거나 말을 못 해 더 만만하게 보이나 보다. "김득경이 쳐다봤대요. 김치도 강 씨를 좋아한대요 김치! 강 씨! 김치! 강 씨!" 세상 기뻐 보이는 아이들이었다. 모르는 아이들의 소리에 어처구니가 없었다. 아주 신명이 나서 탈춤을 추고 있다. 자기네들끼리 난리였다. 학교가 사라졌으면 좋겠다.

중학교 학교 배정을 기다리고 있었다. 뒤에서 한 아이가 말했다. "우리 담임 선생님은 촌지를 밝히는 것으로 유명해서 모르는 사람이 없대. 너희들도 다 알지? 그 촌지로 우리가 먼 곳에 있는 학교 배정을 받게 될 거야." 확신에 찬 친구의 말은 정확했다. 배정 결과, 반 아이 중 집이 부유한 친구들은 촌지를 쓴 부모님 백으로 미리 집 주소를 옮겨 근거리 여중으로 배정받았고, 나를 비롯해 그런 혜택이 없는 친구들은 장거리에 있는 중학교에 가게 되었다.

졸업식이 되었다. 하루가 100년처럼 느껴진 1년이 지나가고 있다. 성적표를 받았다. 처음 보는 양, 가가 성적표를 가득 메우고 있었다. 졸업식 몇 달 전, 아버지는 돈을 벌기 위해 10년 이상 돌아올 수 없다는 말을 남긴 채 일본으로 출국하셨다. 텅 빈 방에 나 홀로 작은 주먹으로 가슴을 부여잡고 울었다. 흐느끼는 소리가 적막한 방을 메웠다. 울음을 참아보았지만, 멈추지 않았다.

작년에 한 초등학교에서 "우리 학교는 촌지를 받지 않습니다"라는 내용의 가정통신문을 보냈다고 신문에 보도된 적이 있다. 촌지의 본뜻은 '속으로 품고 있는 작은 뜻'으로 나쁜 의미가 아니다. 마음이 담긴 선물을 주고받는 일은 아름다운 일이다. 마음이 담긴 의미가 뇌물로 바뀌어 촌지가 변질되었다. 그 피해자가 아이들이라 더 고통스러울 뿐이다. 벌써 내가 겪은 지 30여 년이 흘렀다. 촌지 피해사례 글에서 초등학생이 겪은 고통이 느껴져 가슴이 너무 아팠다. 나도 모르게 주먹을 불끈 쥐게 되고, 답답한 한숨이 새어나온다. 피가 거꾸로 솟았다.

너무도 소중한 아이들에게 상처를 준다면 가슴을 치며 통곡할 일이 아닌가? 이것은 해결되지 않고 문제가 되풀이되고 있다는 의미다. 그렇다고 경제적 여유가 없다면 조기 유학을 보낼 수 없기에 학교의 시스템의 한계를 이미 알고 홈스쿨링이 확산되고 있다. 우리의 아이들을 믿고 보낼 학교가 있을지 의문이다.

무거운 현실 앞에 어른이라는 이름으로 희망의 학교를 꿈꿔본다. 현재, 그리고 미래는 초등학교에서의 경험이 어른들이 만든 부유층과 서민층의 차별에서 벗어나길 간절히 바란다. 그리고 마음껏 자신의 적성과 꿈을 펼치는 아름다움, 그 자체의 학교에 다닐 수 있는 미래를 그려본다.

부정의 언어
과다 섭취

연지유치원(연지 교회 소속)에 다녔을 때였다. 유치원 선생님께서 모두 "두 손을 모으고 눈을 감아요"라고 말했다. 뿔테 안경을 쓴 짙은 눈썹의 목사님께서 "이 어린양들을 지켜주시옵소서"라고 기도하셨다. '나는 양이 되었다. 음메에~ 하얀 털옷을 입고 풀을 뜯어 먹는 어린양', '하나님은 어디 계시길래 눈을 감고 기도하는 걸까?' 신에 대한 호기심이 싹트는 계기가 되었다.

초등학교 3학년이 될 무렵 교회 생활을 하게 되었다. 부전시장 입구에 자리하고 있는 부전교회를 다니게 되었다. 버스를 타고 세 코스 정도의 거리였다. 집과 학교를 벗어나기에 막연한 기대감이 있었다. 교회까지 거리가 있다 보니 버스를 타고 같이 갈 친구를 찾고 있었다.

청소년단체 아람단을 하고 있던 지우라는 친구와 교회를 다녔다. 지우는 말을 정말 잘했고 똑 부러지는 성격에 책도 많이 읽는 멋진 친구였다. 넉넉한 용돈으로 필요한 물건이 있으면 고민 없이 사곤 했다. 문화생활에도 자유로웠다. 무엇보다 어떤 상황에서도 말을 조리 있게 해서 대학생 언니 같았다.

주일이 되면 우리 집까지 와서 좁은 마루에 앉아서 나를 기다렸다. 들어와서 앉아 있을 공간이 없었지만, 정확한 시각에 매주 그렇게 찾아와 주었다. 참 고마운 친구였다.

예배 시간이 되었다. 그런데 기도에 집중이 안 되고 어머니가 자꾸 생각났다. 내 얼굴이 점점 흙빛으로 변했다. '누가 저 좀 도와주세요.' 기억하고 싶지 않은 방 안에서의 단둘만의 기억이 숨이 막힐 만큼 무섭게 휘몰아친다. '정신 차려야지! 여긴 교회야. 그만! 없었던 일이야!'라고 나만의 주문을 외웠다. '내가 좋아하는 아름다운 피아노 소리에 노래를 부르면 괜찮아질 거야!'

그리고 찬양과 율동을 했다. 피아노 소리가 참 좋았다.
♪아름다운 마음들이 모여서 주의 은혜 나누며 예수님을 따라 사랑해야지 우리 서로 사랑해 하나님이 가르쳐준 한 가지 네 이웃을 네 몸과 같이 미움 같은 시기 질투 버리고 우리 서로 사랑해 ♬

내 찬양을 보고 있던 여자아이가 다가와서 "찬양은 은혜스러워야 하는데 예쁘게 부르지 마"라고 하는 것이 아닌가? '왜 화를 내지…' 2절 가사에 젖어 예수님이 이다음에 오신다는 말에 기쁨을 표현했던 것인데 당황스러웠다. 그 말을 듣고 있던 여자아이 무리도 같은 말을 하며 내 탓을 하는 게 아닌가! '마음이 기뻐서 표정도 예쁘면 예수님을 만났을 때 더 행복한 거 아닐까? 그런데 나는 왜 꿀 먹은 벙어리처럼 한마디도 못 하는 걸까. 바보 같다.'

여자아이들 대부분이 모태 신앙이었고, 부모님 직분이 집사, 권사, 장로 등으로, 대대로 이어지는 기독교 집안이었다. 교회 어르신들께 인사를 하면 "어머님이 어느 집사님이시니?"라고 물으실 정도였다. 나는 그 말이 불편했다. 교회 사람들의 눈을 보고 있으면 무서워서 나도 모르게 뒷걸음질쳤다.

하루가 더딘 것 같지만 주일이 왔다. 답답함이 가득한 현실이지만 피아노 음을 떠올렸다. 새로운 한 여자아이가 내게 와서 "널 보면 하나님이 참 불공평하다는 생각이 들어서 죽어버리고 싶어"라고 말했다. 나는 너무 놀랐다. '죽어버리고 싶다?' 충격이 너무 컸다. 나를 노골적으로 미워하는 여자들이 많았다.

설상가상으로 교회 남자들이 인기 투표를 했는데 내 이름이 나왔다. 그 말을 듣는 순간 온몸이 얼어붙었다. 내게 있어서 좋아함과 사랑은 마음을 괴롭히는 불행과도 같았다. 또 누군가가 "오빠들이 널 귀여워하니까 교회에 너만 있고, 우린 없어도 되겠네. 우린 교회에서 사라지자" 하며 가는 아이들도 있었다. 여자아이들은 나를 따돌

렸고, 상처 주는 말들을 늘어놓았다.

교회란 곳은 찬양 가사와 반대로 미움과 시기, 질투가 가득하고 서로 사랑하지 않는 곳이었다. 계속 부정적인 말들을 듣게 되어 너무 슬펐다. 지우는 옆에서 지켜보다가 나를 설득해서 소년부 선생님을 찾아갔다. 교회 여자아이들이 우리와 함께하지도 않고, 미워한다는 부분을 요목조목 조리 있게 전달했다. '어쩜 저렇게 내 마음을 대변하는 듯이 잘할 수 있을까?' 그녀는 내 보호자가 되어주었다. '지우처럼 말을 잘하려면 어떻게 해야 하지?', '말을 잘하는 것은 타고난 것일까?' 나도 억울한 상황에서도 말을 잘하고 싶었다.

또다시 율동 시간이 되었다. 딱 봐도 껄렁하고, 눈에는 초점도 없었으며, 저질의 말을 내뱉는 남자아이들 5명이 보였다. 외모도 불량스러웠고, 언행도 눈살을 찌푸리게 하는 정도를 넘어섰다. 교회 선생님들께서 통제하는 것도 벅차 보였다. 우리는 그 아이들을 독수리 5형제라 불렀다. 그런데 어느 날, 나는 그 아이들과 눈이 마주쳤다. 그 아이들은 나를 계속 쳐다봤다. 무섭고 섬뜩했다.

교회 단상 위에 올라가 무심한 듯 찬양 율동을 하고 있었다. 그런데 여자아이들이 나에 대해 이야기하는 소리가 환청처럼 들리고, 눈앞에는 수군거리며 킥킥거리는 독수리 5형제 모습이 나를 겁에 질리게 했다. 예배실에 앉아 있는 모두가 나를 비웃고 조롱하는 것 같았다. 눈앞이 어둡고 캄캄했다. 사람이 보이지 않고 검은 형체들이 뒤섞여 나에게 손가락질하고 욕하고 있다. 내가 점점 이상했다.

예배실에서 더 이상 아무것도 할 수가 없었다. 몸에 힘이 계속 빠졌다. 초점이 흐려지고 어지러웠다. 식은땀이 머리와 얼굴로 흘러내렸다. 한계에 다다른 나는 율동하는 도중에 센터에서 빛의 속도로 뛰쳐나왔다. 화장실로 가서 거울을 보았다. 부정의 말이 내 몸 곳곳에 자리 잡고 틈만 나면 거대한 파도처럼 커져 나를 덮쳤다. 시간이 한참이 흘렀을까? 예배실에 들어와 아무에게도 어떤 말도 하지 않았다.

집으로 가는 길에 누군가 나를 따라오는 것 같았다. 독수리 5형제 아이들이었다. 너무 무서웠다. '《아기 돼지 삼형제》에 나오는 지푸라기 집으로 만든 집처럼 생긴 우리 집을 왜 따라오는 거야.' 왜 그리도 창피하고 불안한지 모르겠다. 두려움은 내 안에 몰려왔다.

밤늦게 우리 집 담벼락을 넘어 옥상으로 뛰어 들어왔다. 다행히 오빠가 있어서 "이 새끼야, 안 나가나!" 하며 쫓아냈다. 그때 오빠는 너무 멋있었다. 어머니는 어린 내게 "가시나가 몸간수 똑바로 안 하고 다니나?"라고 말씀하셨다. 나는 할 말을 잃었다.

그 뒤 누군가 후하고 불면 날아갈 것 같은 집에 혼자 있었을 때였다. 또 그 아이들이 왔다. 하이에나 같았다. 징글징글하다. 고장 나고 녹슨 문이 잠기지 않아 무서워서 파출소에 신고했다. 경찰이 와서 일단락되었다. 다음 날 파출소로 찾아갔다. "경찰 아저씨, 스토커 같은 아이들을 그렇게 보내시면 제게 보복하면 어떻게 해요? 제가 생명의 위협을 받고 있잖아요?"라고 말했다. 그랬더니 대수롭지 않은 듯 웃었다. 불쾌하고 화가 났다. 무슨 큰일이 생겨야 사건 접수가 된다니, 내 이름을 쓰다 말고 휙 하고 돌아서서 나왔다.

《칭찬은 바보도 천재로 만든다》의 '긍정의 채널에 맞추어라'를 보면 "마음이라는 방송국에 두 개의 채널이 있다. 하나는 P(positive) 채널, 다른 하나는 N(negative) 채널이다. P는 긍정적이고 적극적인 채널이며, N은 부정적이고 소극적인 채널이다. 의식과 관념을 지배하는 이 두 개의 채널은 오직 의지에 의해서 바꿀 수 있다"고 한다.

초등학교 당시 교회 생활을 했을 시기의 환경이 그랬지만 객관적으로 보게 된다. 그 기억을 떠올려보면 어머니께서는 당신께서 겪은 불화를 가장 약한 나에게 작정하고 몸짓으로 부정의 언어를 준 것 같았다. 이 글을 쓰면서도 그 고통이 고스란히 전해져서 희미해진 상처가 일부 선명하게 올라오는 경험을 했다. 그 언어와 감정은 나의 의지를 모두 앗아갔던 경험이었다.

어린 나이에 감당하기에는 벅찼던 것 같다. 내게 나쁜 언어를 전한 건 말을 안 하고, 생각의 표현을 하지 않았기에 더 만만해 보이는 결과를 낳았을 것이다. 독수리 5형제들도 물론 소통이 안 되는 아이들일지 몰라도 '내가 조금만 더 성숙한 사고로 긍정적이고 적극적인 채널을 사용했다면 어떠했을까?' 생각했다.

 돌이켜보니 환경, 가족, 학교, 부모, 교회, 모든 게 내가 원하는 긍정의 환경이 아니었다. 그 덕분에 인생에는 많은 부정 언어가 도사리고 있음을 경험했다. 그 언어에 동반된 감정인 울화통, 억울함, 원통함을 한꺼번에 배우게 되었다. 지우는 교회 외의 어떤 장소에서도 오해가 생기면 당차게 자신의 의견을 이야기했고, 사람이 많든 적든 어떤 상황에서도 부정을 자신의 긍정 언어로 변화시켰다. 지우와 함께 있었던 시간은 나를 위한 소중한 시간이었다. 나는 겁이 많아 무례한 상황에 침묵했지만, 부정 언어의 과다 섭취 끝에서 다시 시작할 수 있는 힘이 생겼다.

마법의
주문

　중학생이 되었다. 단발머리에 온통 회색빛 교복이 마음에 안 든다. 치마, 조끼, 넥타이, 재킷 온통 칙칙한 회색이다. 꼭 내 마음을 대변하는 것 같다. 등교를 하는 학생들이 마치 큰 파도에 의해 떠밀려가는 미역 같다. 수업 시간은 끝없이 찾아오는 듯했다. 수학 시간이 되었다. 선생님께서 "복습해볼까? 오늘은 몇 번이 해볼까? 33번?" '내 번호가 또 시작되었구나.' 몰라서 계속 서 있었다. 선생님은 "공부 안 하고 커서 공장 갈래?"라고 하셨다. 연이어 사회 시간이 되었다. "얼마나 잘 외웠는지 볼까? 지난 수업은 10번 대였지. 33번 누구야?" '또 나다! 공부 잘하는 친구와 번호를 바꿔버리고 싶다' 선생님의 호통이 이어졌다. "공부 안 하고 얼굴 뜯어 먹고 살래? 뭘 믿고 공부 안 하는 거야? 세상이 만만해?" 선생님의 핀잔이 가슴을 후벼팠다.

　반장 효은이는 내가 안타까운지 자신의 집으로 초대했다. 효은이는 수업 시간마다 자주 혼이 나는 내게 답을 가르쳐주다가 종종 꾸지람을 들었다. 효은이 집에 가보니 아버지는 멋진 변호사셨다. 어머니는 우아하고 친구처럼 좋은 분 같았다. 효은이는 외모, 공부, 인성 삼박자를 갖춘, 일명 엄친딸이었다. 어릴 때부터 시작한 바이올린 연주도 듣게 되었다. 효은이와 맛있는 초코케이크를 사서 함께 먹는 동안 아주 두꺼운 연습장을 보여주었다. 반복해서 쓰인 단어에서 노력한 흔적이 보였다. 효은이가 말했다. "나는 머리가 좋지 않아서 수없이 반복하고 복습을 해. 그리고 쓰고 또 쓰고, 외워질 때까지 말이야"라고 했다. 날 위한 마음에 감동받았다. 나의 상처 난 마음이 다치지 않게 공부 잘하는 방법을 가르쳐주는 진짜 선생님 같았다. '효은아, 네 마음 잊지 않을게. 지금은 내 상황을 말로 할 수 없지만 언젠가 꼭 그렇게 할게' 포근한 마음을 더 느끼고 싶어서 집으로 가기 싫었다.

아침이 되었다. 눈을 떠보니 유난히 학교에 가기 싫었다. 연지 로얄맨션 앞에서 친구들 4명이 모였다. 버스를 타면 자칫 지각할 수도 있어서 택시를 잡고 가기로 했는데, 민채(혜영) 어머님이 다마스 봉고차를 몰고 오셨다. 친구들 모두 뒷자석에 타고 앞 좌석만 남았다. 앞 좌석을 무서워했지만 지체할 시간이 없었다. 당감시장을 지나 학교로 향했다. 속이 울렁거렸다. 오른쪽에 거대한 트럭들이 줄지어 서 있었다. 그런데 민채 어머님이 방향을 틀어 트럭을 향해 돌진하시길래 "어! 어! 어! 머! 니!"라고 이야기하는 순간 트럭과 충돌했다. 부딪히는 큰 소리와 함께 겁에 질려 '인생을 짧고 굵게 마무리하는 마지막 날인가?' 생각했다. 찰나였지만 죽음도 편히 받아들였던 것 같다. 친구들의 괜찮냐는 소리에 눈을 떴다. '살았구나' 앞 좌석이 종이 짝처럼 찌그러져 있고 유리는 전부 산산조각이 났다. '이게 무슨 일이지?' 이 상황에 어안이 벙벙했다. 유리 파편이 내 몸 전체를 뒤덮고 있었다. 신발 속에도 피 묻은 유리 파편이 들어왔다. 순간의 공포가 온몸을 휘감았다. 얼굴, 몸통, 교복 치마에 수북이 쌓인 파편들을 대수롭지 않게 털어냈다. 겉으로는 아무렇지 않게 행동했다.

학교와 교회에 소문이 나 "괜찮아?"라며 많은 사람들이 물었다. 그때는 사람과의 관계, 환경의 결핍이었을까? 내 감정 표현보다는 타인의 감정이 먼저였던 것 같다. 사람들 앞에서 아프거나 힘든 마음을 잘 드러내지 않았다. 그때는 일이 더 커질까 봐, 그리고 부모님의 신경질적인 반응이 싫었다. 무엇보다 내 아픈 감정을 드러내고 싶지 않았다. 그 일 이후 나는 민채를 피했다.

사고 이후 놀란 마음이 쉽게 진정되지 않았다. '사람들이 그렇게 교통사고로 죽는 걸까?' 밤이 되면 신경이 더 날카로워졌다. 버스나 교통수단으로 이동할 때 자꾸만 차와 부딪힐 것 같아 창문을 정면으로 보지 못했다. 어지럼증과 오바이트 증상이 동반되었다. 열이 나고 코피도 흘렀다. 부딪힐 것 같아서 유리창으로 가는 시선을 피했다. 버스를 타는 날에는 교복이 땀으로 흠뻑 젖었다. 시간이 꽤 지난 후 외상 후 스트레스장애인 것을 알았다. 오랫동안 지속되었지만 '몇 개월만 버티면 졸업이야'라고 스스로 다독였다.

졸업을 앞두고 실업계와 인문계 고등학교를 선택할 시기가 되었다. 중학교 삶을 돌이켜보니 경계 대상 1호 어머니께 3년 동안 공부를 안 한다고 선전 포고를 했고, 경계 대상 2호 선생님께는 한국 공교육에서 나는 배울 게 없다는 청개구리가 되어 있었다. 성적은 밑바닥이었다. 번호를 찍고 엎드리는 게 일상이 되었다. 담임 선생님과 상담을 했다. 선생님은 내게 성적이 최하위라서 연합고사를 볼 수 없다고 하셨다. 나는 내 몸에 김해 김씨 김수로 왕의 71대 손인 양반의 피가 흐르기에 꼭 인문계 성모여고에 가야한다고 했다.

선생님은 내 의견이 확고해서 어머님을 학교로 모시고 오라고 했다. 학교를 다녀오신 어머니는 "공부 안 한다고 해도 이 정도로 안 할 줄 몰랐네! 지금껏 책가방을 집과 학교로 잘 옮기고 다녔네"라고 하셨다. 내 성적에 관해 학교도, 부모도 책임이 없다는 사인을 했다. 모두가 실업계 여상을 가거나 공장에 가야 한다고 했다. 선생님과 어머니 두 분 다 부정적인 이야기를 하니 굳이 말할 필요가 없다고 생각했다. 어머니도 내 편이 아니었다. 하지만 나는 내가 선택한 길을 가야 했다.

지난 예배 시간에 청년부 목사님 설교 내용에 "믿음이 한 겨자씨만큼 있으면 이산을 명하여 여기서 저기로 옮기리라 하여도 옮길 것이요. 또 너희가 못할 것이 없으리라(마 17:20)"에 이어 "'할 수 있거든'이 무슨 말이냐? 믿는 자에게 능히 못 할 일이 없으리라" 하셨다 (막 9:23). 나는 교회를 다니면서 진짜 신이 있는지 궁금했다. '작은 좁쌀 같은 믿음만 있으면 할 수 있다고?' 참인지 거짓인지 신이 계신지 테스트하고 싶었다.

밤마다 좁은 주방의 좁다란 창문을 열면 교회 십자가가 보였다. 그 구절을 외워 성모여고에 갈 수 있다는 믿음을 가졌다. 날마다 반신반의했다. 신이 계신다, 안 계신다를 머릿속에서 수없이 되뇌였다. 마지막은 초긍정을 택했다. 많은 상황이 불안정했지만 그 부분만큼은 처음 도전한 믿음을 꽉 붙잡았다. 주위 사람들로 인해 혼란스럽기도 했지만 마음을 다잡았다. 그들이 내 상황에 대해 부정을 끼얹을 때마다 나는 목표를 떠올렸다. 성모여고 교복도 떠올렸다. 돈도 백도 아무것도 없지만, 나의 길을 갔다. 마이 웨이!

이후 시험이 끝나고 점수를 매겼다. 내 점수는 113점이었다. 내가 채점을 해도 애매했다. 안전 커트 라인은 130점이라고 하셨다. 모두가 나는 불합격이라 생각하고 걱정으로 포장된 상처 주는 말을 했다. 나는 결과가 나온 게 아니니 그런 말을 하지 말라고 했다. 속으로 합격을 외쳤다. 하지만 학교와 집에서 내내 걱정 어린 시선과 실업계 권유의 말을 들어야 했다. 나는 합격 발표가 날 때까지 결과는 모르니 그때 이야기하자고 했다.

몇 주 뒤, 신문에 큰 숫자로 연합고사 합격점수 113점이 실려 있었다. 보고도 내 눈을 의심했다. 말로 형용할 수 없는 기쁨이었다. 내 안에 무언가 있다는 영혼의 울림이 느껴졌다. 이 기쁨을 빨리 친구에게 전하고 싶었다. 친구는 신이 있다면 악이 어떻게 존재하겠냐며 범죄가 가득한 이 세상을 비난했다.

나는 끝까지 믿음을 놓치 않았던 시간들에 감사했다. 5분 거리에 작은 교회가 있었는데, 새벽어둠이 무서워 교회는 가지 못했다. 합격한 점수와 신에 대한 생각을 하며 그 교회 앞으로 갔다. 십자가를 바라보며 푸른 하늘을 올려다보았다. 신은 존재한다고 믿었다. 걷고 또 걸으며 동네 골목을 다녔다.

알고 있는 주문은 애니메이션 속에서 배운 게 다였다.
〈마법사의 아들 코리〉의 "알라깔라 또깔라미 또깔라미띠"
〈날아라 슈퍼보드〉의 "치키치키 차카차카 초코초코초"
〈아기 공룡 둘리〉의 "호잇! 호잇! 호잇!"

애니메이션에서는 주문대로 다 이루어졌다.

"하늘에 계신 우리 아버지, 아버지의 이름을 거룩하게 하시며 아버지의 나라가 오게 하시며, 아버지의 뜻이 하늘에서와 같이 땅에서도 이루어지게 하소서. 오늘 우리에게 일용할 양식을 주시고, 우리가 우리에게 잘못한 사람을 용서하여 준 것같이 우리 죄를 용서하여 주시고, 우리를 시험에 빠지지 않게 하시고 악에서 구하소서. 나라와 권능과 영광이 영원히 아버지의 것입니다."

주기도문을 반복해서 읊조렸다. 애니메이션 주문보다 더 위대한 신이 계신다면, 하늘에 계신 아버지는 하늘에서 이룬 것같이 땅에서 이루려는 것은 무엇일까? 개인 기도에 대한 내용과 방법이 아닌, 이 기도는 도대체 누가 해석해줄 수 있을까?

영혼이 폭발한
분화구

　어느 날, 남아선호 사상으로 어린 시절을 보낸 경험을 들은 직장 후배가 "그런 일이 가능해?"라고 물었다. 나는 이야기를 하는 동안 1990년대 당시 시청률이 높아 국민 드라마로 불렸던 MBC 주말 연속극 〈아들과 딸〉이 떠올랐다. 내가 좋아하는 김희애 배우가 출연했던 드라마로, 그녀는 아름다운 얼굴 못지않게 배역을 소화하는 연기력이 대단한 것 같다.

　입학식 날 귀남(아들)이는 어머니의 등에 업혀가고, 후남(딸)이는 걸어가는 장면이 생각났다. 이는 남녀 차별의 시작을 알렸다. 둘은 같은 날 태어난 이란성 쌍둥이지만, 생일날 귀남이는 잔칫상을 받고, 후남은 부엌에서 그 음식을 한다. 후남이가 전교 1등을 다투는 우수한 성적으로 장학생으로 진학할 수 있었지만, 엄마는 귀남이 기를 죽이고 앞길을 막는다며 못마땅해했다.

그러다 귀남이는 대학입시에 떨어지고 후남이는 식구들 몰래 본 대입 시험에 합격하자 엄마한테 두들겨 맞으며 "자고로 한 집에 한 해 급제자 두 명이 안 나온다고 했다. 네가 귀남이 떨어뜨린 것이다", "내 저것이 귀남이보다 먼저 나올 때부터 알아봤지. 귀남이 앞길 막을 년"이라는 악담을 했다.

이 드라마를 다시 살펴보면서 어린 시절 차별에 대한 누적된 설움이 머리를 내밀었다. 엄마는 식사 시간에 오빠가 좋아하는 갈치를 잘 챙겨주셨다. 고기와 맛있는 반찬은 오빠 앞을 두시면서 "아들아, 이거 먹어라" 하셨다. 괜히 "엄마! 엄마!" 하고 불러보지만 대답이 없다. 설움이 나의 밥그릇에 가득 찼다. 이 온도차는 무엇인가.

'아버지께서 계셨으면 생선을 씹어서라도 주셨을 텐데' 하는 생각이 들었다. 부모님의 싸움에 진저리가 났지만, 소외감을 느낄 때마다 아버지의 빈자리를 느꼈다. 하지만 그리움도 잠시, 재빨리 마음을 다 잡았다. 싸움 소리보단 설움을 택했다.

생일 때가 제일 속상했다. 내 생일을 챙겨주신 적도 있지만 대부분 "오늘 내 생일이야"라고 말하면 어머니께서는 "깜빡했네"라는 말씀을 자주 하셨다. 아버지도 "옛날에는 여자들 생일은 안 챙겼었다"라는 말씀을 하셨다. 그 말이 어린 나에겐 잔인했다. "괜히 태어났나 봐" 하며 고개를 떨구게 했다.

오빠와 연년생인 나는 자주 다투었다. 싸울 때 어머니께서 "가시나가 어디서 못되게 내들어"라고 말씀하신 기억이 선명하다. '박수도 두 손이 마주쳐야 소리가 나는데, 왜 나만 혼내시는 거야?'라는 생각이 들었다. 거친 숨을 내쉬며 씩씩거리며 무릎 꿇고 두 손을 들고 쥐가 나도록 벌을 섰다. 못마땅한 어머니를 흘겨보았다.

오빠의 생일에는 팥과 찹쌀이 가득한 밥에 미역국과 다양한 반찬이 나왔다. 아버지와 내 생일은 잊어버려도 오빠 정확히 기억하셨다. 언젠가 생일 파티를 딱 한 번은 하고 싶다고 떼를 써서 친구들을 초대한 적이 있었다. 어머니가 만든 몇 가지 음식은 인기가 없었다. 친구들은 피자, 치킨, 케이크 등 화려한 음식을 바랐던 것 같다.

그러나 생일날 친구들과 함께할 수 있는 시간이 행복했다. 집에서 제일 예쁘다고 생각한 반짝이는 유리잔들을 보여줬는데, 친구들은 별 관심이 없었다. 녹록지 않은 형편의 생일 파티는 그렇게 처음이자 마지막이 되었다. 친구들은 내가 부잣집 딸 같았는데 가난한 집이라 실망했다고 했다. 그런 말들을 들으니 아팠다.

어머니에 대한 기대도 없지만, 언젠가 나는 내가 좋아하는 친구를 말한 뒤 어머니의 나에 대한 관심도를 테스트했다. 지금 나와 가장 친한 친구는 일란성 쌍둥이 친구 성하와 성민이, 공부 잘하는 주연이, 눈이 이쁜 성희, 미술을 잘하는 자연이라고 설명했다. 그 뒤 어머니께 "내가 좋아하는 친구가 누구일까요?"라고 물었지만 어머니는 "아, 몰라. 저리 가. 기억 안 난다"라고 하셨다.

그런데 오빠와 대화는 속에서 어머니는 오빠 친구 이름을 '우석이', '동환이' 하며 말씀하셨다. 당황스러웠다. 원래도 어머니와 벽이 있었지만, 이 일로 어머니께 앞으로 나에 관해 어떠한 이야기도 절대 하지 않을 거라 다짐했다. 어머니 테스트 점수는 빵점이다.

시간이 흘러도 어머니의 남녀 차별은 여전했다. 그동안 아들에게 모든 뒷바라지는 다하고 마음으로 날 의지하거나 대놓고 급여로 비교하기도 했다. "우리 아들처럼 대기업에서 큰 월급 받는 사람 없다", "아이들 가르치는데 월급이 왜 그렇게 적어? 교사도 아니고 강사니까 그렇지"라는 말이 잊히지 않는다. 나는 주먹을 불끈 쥐며 "아이들 가르치고 인기 선생님 되는 것도 능력입니다. 돈으로 매길 수 없습니다"라고 했다. 그리고 "앞으로 소금 같은 나의 빈 자리를 뼈저리게 느끼실 겁니다"라고 덧붙였다.

부모님은 오빠의 유학까지 뒷바라지하시면서, '오빠가 집을 일으키고, 내 시집도 보내준다'라는 조선시대 사고방식을 가지셨다. 이러한 부모님의 삶도 이해하지만 마음이 아픈 건 어쩔 수가 없다. 결혼한 친구도 오빠, 남동생에게만 모든 뒷바라지를 한 부모가 딸에게 힘든 이야기를 하고 의지할 때 분노가 치밀어 오른다고 했다. 우리 집 이야기만은 아닌 것 같아 위로 아닌 위로를 받는다.

 오빠가 가정을 꾸린 후에야 서로 이야기를 나눴는데, 오빠는 아버지가 주신 편애를 토로하며 "나는 맞았다"라고 말했다. "언제?"라고 물었다. 오빠와 나는 깊은 한숨을 쉬었다. 아버지는 남자는 강하게 커야 한다고 대하는 것도 거칠었다. 오빠 입장에서는 나와 심한 차별을 느꼈을 것이다.

 어머니도 피해자인 것을 알고 있다. 어머니의 어머니도 그 어머니의 어머니들도 말이다. 외삼촌과 차별받았던 도시락 이야기를 십수 년이 지났지만 외할머니께 이야기했던 것이 기억난다. 완두콩과 계란이 있었던 외삼촌과 달리 어머니 도시락에는 없었다고 하셨다. 어머니는 그것이 마음에 가시처럼 박혀 있었다. 6남매 장녀였던 어머니는 외할머니께 화와 섭섭함을 표현했다. 장녀로 희생한 보상 심리도 크게 자리 잡고 있었다. 듣고 싶지 않았지만, 그 이야기에 속상했다.

 우리나라는 옛날부터 남아 선호 사상이 강한 유교 국가다. 제일 불쌍한 삶을 사는 것은 조선의 여인이라는 말이 있을 정도였다. 집안의 대를 이어야 하는 이유로 여성은 무시당하고 살아왔다. 조선 후기에 들어 양반 지배층 사이에 있었던 유교 윤리가 백성들에게 생활에 깊게 뿌리내리며 모든 문화가 남성 중심으로 바뀌었다고 한다.

남아 선호 사상과 가부장 제도 아래에서 여성은 직접적으로 차별받고, 남성은 남성다움을 강요받기에 남성도 피해자일 것이다. 직접적인 차별은 여성이 더 강한 양상을 띠고 있지만, 그 차별의 대물림이 반복되고 있으니 말이다. '과거로부터 내려온 거라 전통이니 어쩔 수 없다'가 아니라 현재를 위해 과감히 나쁜 뿌리를 뽑고 좋은 뿌리를 심어 미래에는 저절로 아름다운 뿌리가 자라나는 세상이 되었으면 한다.

사람들을 고통 속에 가두는 수직관계가 아닌 수평관계를 원한다. 평등하고 존중받고 사랑을 받는 세상이 끝없이 펼쳐지도록 말이다. 〈아들과 딸〉 후남 남매의 아버지 유행어처럼 "홍도야 울지마라~ 아, 글씨~ 오빠가 이이있다" 하는 가사처럼 아픈 문제를 해결해주는 오빠가 나타났으면 참 좋겠다. 그럼 눈물이 쏙 들어가고, 사랑이 넘쳐나고 웃음 가득한 세상이 될 것 같다.

2장

시련은 기적이었고, 고난은 축복이었다

지금은 실패 이력서
접수 중이다

　아파트 숲에 갇힌 듯 답답한 마음에 바다가 보고 싶었다. 88번 버스를 타고 태종대로 향했다. 창밖 풍경으로 바라만 봐도 기분이 좋아진다. 모든 것을 내어주는 바다를 눈으로 담았다. 버스에서 내려 걷는 동안 생각이 이어졌다. '바닷속에는 내가 꿈꾸는 아름다운 세상이 펼쳐져 있을까?', '이 세상은 어떤 방법으로 살아가야 할까?' 걷고 또 걸었다. 소나무로 가득 찬 숲과 기암괴석으로 된 절벽에 감탄이 이어졌다. 멋진 신선바위에 도착했다.

　잔디밭에 펼쳐진 돗자리 모양의 바위에 누웠다. 강한 햇살이 얼굴에 내려앉아 모자로 가렸다. 몇 시간 전 의문은 문제의 답을 찾기 위한 바람이 되었다. "그래, 부유한 환경과 화려한 스펙 속에서 한 가지 직업으로 한 우물 파는 세상이지. 그렇다면 남들과 다르게 40세까지 다양한 직업 체험을 2년씩 해야지." 책 속에 있는 '경험이 곧 재산'이라는 말에 미래를 그려보았다.

처음 선택한 직업은 치과에서 접수와 보조 일을 하는 것이었다. 간호사에 대한 호기심과 유니폼에 대한 선망도 있었다. 나의 주된 업무는 병원 카운터 접수와 환자의 치료 보조였다. 간호사, 치위생사들 속에서 막내로 일을 배우며 지냈다. 보조 일은 옆에서 석션으로 고인 침을 빼고, 원장님을 도와드리는 것이다. 충치 발생 시 ZOE 약을 챙겨드리고 원장님 진료가 효과적으로 마무리되게 손을 맞추는 일이다. 치과에 가면 진동하는 냄새가 ZOE란 사실도 알게 되었다. 충전 재료 아말감, 레진, 인레이 등도 있었다.

환자분들이 종종 잇몸 치료를 할 때면 부분 마취를 하고 그 과정에서 피를 보는 게 고통스러웠다. 원장님께서 "10분 뒤에 마취가 되면 진료를 시작하겠습니다" 하시고 자리에서 일어나셨다. 갑자기 환자분은 내 팔을 덥석 잡고 "너무 무서워"라고 하셨다. 화들짝 놀라 "저도요. 너무 무서워요"라고 답했다. 빨간 피가 죽음을 연상시키며 지옥의 공포가 올라왔다. 사물을 볼 때 가중되는 두려움이 싫다. 감정을 오롯이 그대로 받아들이고 싶다는 생각이 들었다.

차를 마시고 예약 명단을 보고 있는데, 5세 아이와 보호자가 방문했다. 어린이 전용 치과가 아니라 한바탕 전쟁이 예상되었다. 어른들도 싫어하는 기계와 석션 소리에 아이가 겁을 먹었다. 간호사 2명이 아이의 머리와 팔, 아이의 어머니가 몸통을 잡고 치료를 시작했다. 성인 4명이 붙어도 감당하기가 벅찼다. 치위생사님도 힘을 합쳤다. 아이의 울음소리에 괴로웠다. '어린이 전용 치과를 보낼 법도 하신데 끝까지 진료하시네'라고 생각했다. 동료들도 같은 마음인지 눈을 몇 차례 감고 고개를 저었다.

 이어서 시간을 더디게 하는 임플란트 보조가 시작되었다. 10분, 20분, 30분째 노래를 불러 본다. '꼬부랑 할머니가 꼬부랑 고갯길을 꼬부랑 꼬부랑 일을 하고 있네' 흥얼거리며 반복해도 끝이 보이지 않았다. 벌써 1시간째다. 배가 고파와서 새우깡이 떠올랐다. '손이 가요, 손이 가. 새우깡에 손이 가요. 아이 손 어른 손 자꾸만 손이 가' 자꾸만 노래가 나온다. 그리고 새우튀김도 생각났다. 눈앞에 둥둥 떠다녔다. 배꼽시계의 정확함으로 꼬르륵 소리가 났다. 원장님과 환자에게도 들려 창피했다. '조금만 더 참자' 드디어 치아 홈에 나사를 맞춰 진료를 마무리했다. 오늘 하루일과를 마무리했다.

 버스를 타고 또 반복된 일상의 출근길에 올랐다. 라디오에서 2002 월드컵의 〈오 필승 코리아〉 응원가가 울려 퍼졌다. 축구에 무관심했던 국민의 열정이 불타올랐던 시기였다. 지난밤 뜨거운 응원이 휩쓸었던 흔적이 보인다. 대한민국 길거리 곳곳에 국기가 걸려 있다. 붉은 악마가 온 세상을 붉게 물들었다. 병원에 들어서니 접수실과 휴게실에서도 선수들의 이야기로 무르익고 있었다. 축구에 관심 없었던 이들도 월드컵에 심취했다.

월드컵 시기에 사랑니의 통증이 심했다. 너무 아팠다. 치아 파노라마 촬영 결과, 턱이 좁아 위치를 찾지 못해 뿌리가 휘어 있었다. 총 4개의 치아(상악 2개, 하악 2개)를 발치해야 했다. 원장님과 동료에게 "이것쯤이야, 사랑니 4개 다 뽑을 수 있다"라고 했다. 황선홍 선수의 머리 부상 붕대 투혼을 떠올리며 '입안의 피는 아무것도 아니다. 대한민국 만세'를 외쳤다.

발치를 위해 멸균된 도구를 세팅하고 부분 마취를 했다. 일주일 뒤 난이도 상에 해당하는 하악은 발치했다. 마취 확인 후 덮여 있는 잇몸을 메스로 절개했다. 부러진 부분의 치아를 들어 올렸다. 치아 뿌리가 깊숙이 뉘어져 자라고 있었다. 계속 흔들어대니 골이 흔들렸다. 갈라진 치아 조각을 잡아당겼다. 마취했지만 신경세포들도 느껴지는 듯했다. 잠자고 있던 세포들이 깨어난 것 같았다.

'사랑니는 왜 이리도 아플까? 사랑이 대체 무엇이길래'라고 생각했다. 치아 아래 혈관과 신경세포에 자극이 와서 소리를 질렀다. 눈물을 참으며 대한민국 응원가를 마음속으로 되뇌었다. 발치한 뒤 한기가 들고 몸살이 심했다. 월드컵 선수들의 4강 신화의 불타는 투지력을 계속 떠올렸다. 선수들의 강한 에너지를 전달받은 것 같았다. 그 이후 병원 생활을 할 때 무료함이 찾아오면 월드컵 장면을 자주 떠올리곤 했다. 선수들의 무서운 집중력과 정신이 멋있었다.

휴무 날이다. 요가 동작으로 스트레칭을 하며 긴장된 몸을 풀었다. 발치 후유증이 남아 있지만, 자신의 치아 상태를 제대로 알고 관리하고 싶었다. 몇 곳을 알아보다가 이름이 주는 묘함에 끌려 신성기 치과를 방문했다. '이름처럼 신성한 곳인가?' 하며 들어갔다. 신성기 원장님께 초등학교 시절 치아 1개에 충치가 생겼지만, 형평상 가지 못해 조금씩 다 충치가 생겼다고 말씀드렸다. 다행히 하악 어금니 1곳을 제외하고는 증상이 미미했다. "제가 근무하며 공부해보니 레진과 인레이로 치료를 받고 싶습니다"라고 말씀드렸다. 흔쾌히 알겠다고 하시며 직원 할인가로 해주셨다. 배려 섞인 섬세한 치료에 감사했다. 치료를 할 때 꼭 이곳을 찾겠다고 말씀드렸다. 치과 치료가 싫어서 방문하지 않으려고 333법칙(하루 3번, 식후 3분 이내, 3분 동안 양치하기)에 도전했다. 그 후 20년 동안 나 자신과의 약속을 지켰다. 이후 치아 파절로 신성기 치과를 방문하자 원장님께서 굉장히 놀라셨다. 그분을 보자 따뜻한 마음이 생각나 감사함을 다시 전했다.

사회 생활을 하며 직장 생활을 버틴다는 것은 결코 쉽지 않았다. 일하고 있던 곳에서 비전이 없다고 판단했다. 계획한 2년을 채우는 것도 쉽지 않았지만, 그 당시에 결심한 것은 꼭 지키고자 하는 마음이 컸다. 해운대에 있는 치과로 옮겨 체계적인 교육도 받았다. 간호조무사 자격 취득을 원하면 근무 시간을 조절해주셨다. 그러나 조무사 자격증을 취득하고 싶지 않았다. 아무리 열심히 해도 높은 위치가 될 수 없다는 생각이 들었다.

몇 년 전, 20대 이상의 희망직업 순위가 '1위 공무원, 2위 회사원, 3위 교사, 4위 의사, 5위 자영업, 6위 프리랜서'라는 조사 결과가 있었다. 최근 SNS와 방송 매체들이 발달하고, 유튜브 동영상 제공자와 쇼핑몰 CEO와 같은 다양한 신종 직업들이 있었지만, 20대의 40% 이상의 선호도 직업 1순위가 공무원이었다. 정년 보장과 연금 등 안정성이 그 이유였다.

한때 부모님들이 공무원을 많이 강조했던 기억이 난다. '평생 철밥통 공무원이 최고다'라는 말도 유행했다. 하지만 '세상에 안정성이 얼마나 오래갈까?'라는 의문이 불쑥 머리를 내민다.

대학생들이 찾는 최고의 워킹홀리데이 멘토의 책《나는 워킹홀리데이로 인생의 모든 것을 배웠다》에 'NO.1이 아닌 Only 1이 되라. Only 1이 될 때 피 터지는 생존 경쟁에서 벗어나게 된다. 사람들로부터의 인정과 존중, 눈부신 미래가 펼쳐지게 된다'라는 내용이 있다. 다수가 가는 길을 가는 것은 남의 인생을 따라 하는 것에 불과하다. 나라는 희소성이 있고 생각도 다른데 말이다. 정형화된 틀에 끼어맞춘다고 성공한 삶이 되는 것은 아니다. 나는 이 지구상에 유일한, 하나밖에 없는 존재다. 그만큼 소중하기에 나답게 희소성 있는 삶을 살아갈 것이다.

또 다른 자아
칸타타

　서면 지하상가 거리를 걸으며 매장 직원들을 살펴보았다. 브랜드 옷은 지상에 위치한 롯데 백화점에 있지만 특별한 옷을 찾고 싶었다. 특별한 디자인을 좋아해서 수입 의류에 관심이 많았다. 일반 보세 의류와 가격 차이가 났다. 의류 판매일에 도전하며 일도 배우고 새 옷도 마음껏 입고 싶었다. 서면은 유동 인구가 많고 매우 복잡하다. 길을 이동할 때 인간 파도에 휩쓸리는 듯했다. 왠지 모를 답답함에서 벗어나고 싶었다. 도시라는 곳 자체가 복잡하겠지만 해운대를 떠올렸다. 아름다운 해변가를 지나다니면 힐링이 될 것 같았다.

　해운대 쇼핑몰은 세이브존과 스펀지가 있다. 그중 스펀지를 선택했다. 서면에서 해운대로 상권이 옮겨져 더 궁금한 부분도 있었다. 무엇보다 해운대 바다가 계속 떠올랐다. 주상 복합 쇼핑몰 스펀지에는 영화를 보러 오는 관람객들도 많았다. 스펀지 매장 1층에 위치한 브로스 매장에서 30% 세일 행사를 했다. 손님들이 이 매장만 오는 것 같았다. 판매를 배운 적이 없어 무작정 다가가서 눈만 멀뚱거렸다. 입이 안 떨어졌다. 며칠 뒤 50% 세일을 했다. 사람들이 개미처럼 몰려들었다. 매장의 동서남북으로 손님들이 몰려왔다. 70% 세일에 들어가자 물건을 진열하기 무섭게 옷들을 낚아채갔다. 날아다니는 벌떼들 속에 있는 것 같았다. 눈알을 좌우로 돌리느라 어지러웠다. 빼꼭히 차 있는 옷들이 순식간에 다 팔렸다. 생선 살을 다 발라 먹고 뼈만 남은 것 같았다. 옷걸이들만 수두룩했다. 완판이었다.

아르바이트생 중에 유독 눈이 큰 영은이는 나와 눈이 마주치면 큰 눈이 쏟아질 듯 크게 뜨고 "언니, 나 너무 힘이 들어서 못 하겠어. 우리 같이 나가자"라고 말했다. 언니는 "아직 4계절이 지나야 해. 이곳에서 뭐라도 배우고 그만둘 거야. 정상의 자리에서 떠날 거야"라고 말했다. 다음 날이 되었다. 다시 바다의 밀물과 썰물이 넘나들듯 사람들이 입장했다. 또다시 사람들이 지나간 자리는 순식간에 옷이 다 팔렸다. 청바지, 티셔츠, 점퍼, 가방, 모든 것이 경쟁이 치열했다.

영은이가 옷을 파는 도중에 자꾸 힐끔거리며 쳐다보았다. 손님 응대 후 금방이라도 눈물을 터뜨릴 것 같았다. 영은이는 "사람들이 이렇게 많이 올 줄 몰랐어. 사람들이 너무 무서워, 더 이상 일을 못 하겠어"라며 온몸으로 울고 나서 일을 그만두었다. 언니들도 힘이 드는지 틈틈이 담배를 피웠다. 난 담배 대신 치아 관리를 했다. 그날 일을 마치고 회식이 있었다. 언니들이 나를 보며 일도 못하는데, 술도 못 마신다고 한마디씩 거들었다. 일을 못하는 건 용서해도 술 못 마시는 건 절대 안 된다고 했다. 그리고 화장, 액세서리, 네일 등을 하지 않고 꾸미지 않는 내게 핀잔을 주었다. 청사포에서 기분 나쁜 첫 회식이 끝났다. 맛있는 장어와 조개구이의 맛을 못 느꼈다. 문제의 답은 못 찾았기 때문이다.

속상해서 친구에게 말하니 왕따 신세 그만두고 그곳을 나오라고 했다. "우씨, 생각할수록 열 받네. 나 말로만 듣던 왕따인 거지? 쳇! 이제부터 내가 그들을 왕따시킨다" 하고 출근했다. 나에게 그럴수록 다른 직원들보다 손님에게 더 빨리 다가가 응대했다. 그리고 직원들과 말을 안 했다. 소심한 복수가 시작되었다. '내가 무슨 생각하는지 몰라서 답답하지롱. 메롱메롱 홍! 칫! 뿡이다!' 수로 밀리긴 했지만 겉으로 티 내지 않았다. 그 당당함의 이면에는 서면에서 지하철 출퇴근하는 1시간 동안 읽은 성경 구절이 있었다. 긍정의 명언과 함께 마음을 다스렸다.

《성경》의 "두려워 말라, 너와 함께 함이니. 놀라지 말라, 나는 네 하나님이 됨이라. 무서워 말라, 내가 너를 도우리니. 너는 마음에 염려치 말라, 내가 너를 굳세게 하리라. 내 손으로 너를 꼭 붙잡아주리라(사 41:10)"라는 말씀을 출근 전에 읽고 외우며 오늘 하루도 무사히 보내자고 생각했다. 직원들과 거리를 계속 두고 오로지 일과 관련된 고객에게만 달려가서 판매 응대를 했다. 서투른 모습에서 조금씩 말문이 터지고 있었다.

어느 날 사장님께서 오셨다. 사장님은 일본어 전공자로 여행사 일을 하셨다. 사장님은 내게 아이스크림을 먹으러 가자고 하셨다. 한 손에 아이스크림을 쥐고 사적인 대화를 했다. 어느새 분위기가 진지해졌다. 사장님과 병아리 직원의 위치에서 대화를 나누었다.

사장님 : 화장을 해보는 건 어떠니?
병아리 : 사람들은 젊어지기 위해 화장을 하는데 점점 늙어간다고 했어요. 저는 청춘이라는 젊음의 액세서리를 입고 있어요.
사장님 : 손톱을 발라 보는 건 어떨까?
병아리 : 손톱에 매니큐어를 바르면 숨을 쉴 수가 없어요. 너무 답답해요. 재빨리 아세톤을 써야 해요.
사장님 : 그럼 귀걸이, 목걸이 등의 액세서리를 해보는 건 어떨까?
병아리 : 선물 받은 것은 착용하지 않아 다른 이에게 선물하고, 일부는 팔았어요.
사장님 : 왜 이런 말을 하냐면, 별별 손님이 다 있지만 손님들이 값싼 고등학생을 아르바이트로 쓰는 것 아니냐고 몇 번이나 항의하네. 웃기지? 매니저가 묵묵히 일하는 너를 계속 쓴다고 했는데, 다른 직원들은 너를 내보내라는 말도 하는구나.
병아리 : 네, 한번 고민해보겠습니다.

'옷 매장과 어울리려면 어떻게 해야 할까?' 일주일간 고민했다. 그러다가 친구 어머님이 운영하시는 미용실을 찾아 자초지종을 설명했다. 그리고 힙합 스타일로 뽀글뽀글 볶아달라고 했다. 내 모근 특성상 시간이 많이 걸린다고 했다. 머리카락 0.5cm도 채 안 되는 간격으로 하나씩 말기 시작하셨다. 파마 롯드 몇백 개의 무게를 지탱하기 위해 벽에 기댔다. 잠이 왔지만 변신한 모습을 상상했다.

머리를 하는 동안 직원들의 판매 기술을 떠올렸다. 매니저님은 의류 경험 10년 이상의 경력자였다. 술을 먹은 후에도 전국의 옷 사이즈 유무와 방문 고객과 나눈 말, 행동, 취향 등을 파악하는 것은 물론 암기력까지 뛰어났다. 첫째 언니는 백화점과 로드샵 경험자였다. 하얀 얼굴로 새침한 깍쟁이처럼 판매했다. 옷의 객관적인 포인트를 찾아서 사고 싶은 마음이 들게 했다. 둘째 언니는 손수레에서 물건을 담으며 갖은 고생을 했다. '산전수전 손수레전'이라 했다. 둘째 언니는 유머와 재치가 넘치는 판매를 했다. 고객의 체형을 보완하고 장점이 부각되는 옷을 권하는 판매법을 선보였다. 셋째 언니는 다양한 경력에 공주처럼 여린 듯 우아하면서도 마음을 편안하게 해주는 판매를 했다. 여린 듯 보여도 강인했다. 배울 부분이 많았다.

나만의 특별한 판매법을 꼭 만들고 싶다는 생각을 했다. 목이 불편해 엎드린 채 12시간이 지나서야 파마 롯드를 풀었다. 머리 위에 브로콜리 하나가 보였다. 원장님은 "탱글탱글한 포도가 머리에 있네. 파마 잘 나왔네" 하셨다. 새로운 헤어 스타일을 보며 '앞으로 나는 판매 여왕이다'라고 결의에 찬 미소를 지으며 마음속으로 생각했다. 다음 날 매장에 갔다. 사장님과 언니들이 한바탕 웃고 난리가 났다. 새로운 머리에 화장을 안 하는 대신 원색의 밝은 옷으로 포인트를 주었다. 내가 일하던 브랜드는 세미 힙합이 주를 이루었다. 다른 사람으로 변신한 내가 참 좋았다. 장난기가 발동해서 마네킹처럼 서 있다가 지나가는 사람들을 놀래키곤 했다. 그리고 손님이 방문하면 제일 먼저 다가가 적극적으로 응대했다. 직원들의 판매법이 부러웠다. 관찰하고 따라 하기 시작했다. 자신감도 생기면서 응대 시간이 조금씩 길어졌다.

지난 회식 때 술을 마시지 못해 핀잔받아 불쾌했다. 산에서 노래 연습을 했다. 어린 시절 노래 잘하는 친구에게 비결을 물어보았다. 반복이라는 말에 산에서 실천했다. 진주의 〈난 괜찮아〉, 소찬휘의 〈Tears〉 등 가창력 좋은 가수들의 노래를 몇 곡 쏟아냈다. 다들 내 반전 모습에 배꼽 빠지겠다고 웃어댔다. 그동안의 마음고생을 스스로 발산한 시간이었다. 속이 뚫린 느낌이었다. 직원들은 "그동안 말도 없이 거미줄 치고 어떻게 있었니?"라고 했다. 몇 달 동안 나를 볼 때마다 웃으며 노래방 추억을 떠올렸다.

열심히 한 결과, 우리 매장이 매출 1등을 했다. 내 월급과 인센티브를 합치면 300만 원이 조금 넘었다. 인센티브만 한 사람당 100만 원이 넘었다. 매니저 언니와 언니들은 경력자여서 더 많은 급여를 받았다. 그렇게 봄, 여름, 가을, 겨울의 사계절을 버텼다. 그 결과, 나만의 색깔이 묻어난 판매법을 만들었다. 사장님께서 판매 여왕이라고 불러 주셨다. 외국인들이 많이 왔었는데 머리부터 발끝까지 코디해서 액세서리까지 팔았다. 체형에 맞게 코디하는 것에 보람을 느꼈다.

눈부신 별

'박종진의 과학 이야기'라는 글에서 '우리는 지금 은하수 은하의 한쪽 귀퉁이에 있는 태양이라는 별에 전적으로 의존하고 있다. 우리 은하를 벗어나서 빛의 속도로 250만 년을 가면 우리와 가장 가까운 안드로메다 은하가 있는데, 그렇게 많은 태양이 있다면 엄청나게 많은 문명이 있을 것이다. 그리고 우주에는 그런 은하수가 수천억 개나 존재한다. 고개를 들어 하늘을 보면 수많은 별들이 있다'고 했다.

별을 보면 스타인 연예인과 배우가 떠오른다. 사람들은 배우를 보면 광채가 나고 빛이 난다고 말한다. 학창 시절 텔레비전 속의 스포트라이트받은 아름답고, 잘생긴 배우들을 눈여겨보았다. 그들은 관심과 사랑을 받다가 시들어버리기도 했다. 화려한 듯 보이지만, 그것은 이미지일 뿐이기도 했다. '배우라는 삶이 화려하고 빛나는 동시에 영원하면 얼마나 좋을까?' 하고 종종 생각했다. 배우의 삶은 아쉬운 부분이 있었지만, 그 직업을 경험해보고 싶었다.

서비스업을 하면서 내 안의 또 다른 나를 찾았고, 새로운 것을 경험해야 한다는 마음이 꿈틀거렸다. 중학교 때 배우지 못한 연기에 도전하기로 했다. 가족과 주위 사람들은 또 한바탕 난리가 났다. "딴따라 같은 것은 집어치워라"라는 말이 들렸다. 언제나 내 편은 없다. 그래서 할 말만 하고 묵묵히 내 길을 가면 된다고 생각했다.

학창 시절, 재치 있는 나만의 몰래카메라로 친구들을 놀래켜주곤 했다. 상황에 맞게 연기를 하며 친구들 반응에 "속았지롱, 몰래카메라지롱" 했던 기억이 난다. 그리고 친구들과 모여 〈전국노래자랑〉 시나리오를 짜서 "안녕하세요. 전화로 찾아가는 KBS 노래자랑입니다. 삐 소리 후 당신의 애창곡을 불러주세요"라고 말하며 숫자를 길게 눌렀다. 언젠가는 친구 집에 놀러가서 했더니, 아주머니께서 "꽃 피이이는 동백섬에~"라며 노래를 시작했다. "땡! 탈락입니다. 다음 기회에 참여해주시기 바랍니다"라고 말하며 친구네 집 방 안에서 배꼽 빠지도록 웃었던 추억이 떠오른다.

얌전한 외모 뒤에 마음이 맞는 사람들과 있으면 장난기가 발동했기에 친구들은 너무 재미있어하면서 내게 연예인이 되라고 말하곤 했다. 나는 연기를 통해 사람들에게 행복을 안겨주고 싶어졌다. 눈물이 웃음으로 변하고, 아픈 마음이 기쁨으로 변하는 행복을 주고 싶었다.

'연기를 누구한테 배워야 할까?' 고민했다. 지역별로 알아보았다. 학원이 그리 많지 않았고, 믿음이 안 갔다. 하지만 몇 개월 만에 승부를 내야 한다고 생각했다. 나는 고민을 굉장히 오래 하다가 결정하면 진취적이 된다. 그렇게 발품을 팔고 알아보다가 부산의 한 극단을 찾았다. 백문불여일견(百聞不如一見)이기에 바로 들어갔다. 그 극단에는 오빠들이 많았고 동갑내기와 동생들도 있었다. 낯설고 마음이 편치 않았다. 실내에 있는 절 같았다. 단원들은 난타와 무술 동작 연습을 했다. 몸이 놀라 움츠러들었다. 얼떨결에 동작을 따라 하다가 몸이 다시 경직되었다. 정적인 동작에 익숙했기에 동적인 동작에 거부감을 보였다.

같이 있는 사람들이 불편해 선뜻 행동으로 나오지 않았다. 난타 소리에 장단을 맞추며 웅장한 소리를 냈다. 나 혼자만의 시간에 연습해서 선보이고 싶었다. 하지만 단원들은 사람들 시선에 아랑곳하지 않고 자유자재로 움직였다. 자유로운 움직임이었다. 훈련 시간 중간에 나를 향해 말을 걸었다. 마음을 풀어주려고 한 건진 모르겠지만 마음은 더 무거웠다. 새로운 동작에 뭔가를 해보라고 시켰다. 마음이 굳어 행동할 수가 없었다.

극단 연습실과 안쪽에는 잠을 잘 방이 있었다. 여러 곳을 둘러보았다. 연기 수업이 진행되었다. 사랑에 대한 연기를 하는 상황극이 시작되었다. 사랑하는 사람을 떠나보내는 연기를 선보였다. 흰둥이가 떠올랐다. 과거에 친구의 남자 친구를 통해 2개월도 안 된 말티즈를 기르게 되었다. 애니메이션 〈짱구는 못말려〉에 나오는 흰둥이라고 이름을 지었다. 나는 몇 개월 동안 지극정성을 다해 길렀다. 계속 기르고 싶었는데 어머니께서 "세균이 많다. 더럽다. 입에 대지 마라" 등의 말을 했기에 입양을 보냈다. 집은 흰둥이에게 안전한 곳이 아니었다. 흰둥이가 좋아하는 모든 것을 챙겨서 보냈다. 흰둥이의 새로운 주인분의 집까지 방문해본 후, 사랑받을 수 있겠다고 생각했다. 한동안 흰둥이가 외출용 가방 안에서 나오지 않았다고 한다. 그 말을 듣고 나를 기다린다는 생각에 마음이 아팠다. 온 세상이 흙으로 덮인 듯 슬펐다.

그 뒤 오랜 시간 하얀 강아지만 보면 흰둥이를 떠올렸다. 나 자신을 자책하고 오랜 시간 아파했다. 입양한 그 당시 치과 일을 해야 해서 흰둥이를 보호할 수가 없었다. 흰둥이의 어미 개 이름은 수세미다. 세미를 생각하며 감정을 싣고 즉흥 대사를 했다. 옆에서 단원 오빠가 "세미가 누구니?"라고 물어서 설명했다. 단원들이 사람에 대한 사랑이 아니고 개였냐고 놀렸다. 웃음거리가 되었다. 중년 여성 단원이 내게 "사랑을 하면 걸음걸이부터 달라져야지"라고 했다. 더 이상 하고 싶지 않아 상황극을 하지 않았다. 단원들이 얼마나 연기를 잘하는지 관찰할 셈이었다. 나를 제외한 극단 단원들이 상황극에 몰입하며 다양한 상황을 만들어 즉흥극을 보였다. '어떤 것을 배워야 할까? 비전이 있을까?'라고 생각했다. 그중 연기 못하는 몇몇이 나에게 와서 "연기란 말이야" 하면서 강의 아닌 강의를 했다. 그리고 내 성격으로는 연극영화과에 갈 수 없다고 했다. 나를 대놓고 무시했다. 그다음 주에 극단에서 밀양으로 워크샵을 간다고 했다. 극단에 비전을 느끼지 못해 조만간 나가야 한다고 생각했다. 나는 극단 생활이 맞지 않아 엠티를 가야 할지 고민했지만 밀양이란 곳을 가보고 싶어 가기로 했다. 맑은 물과 푸르른 산들이 어우러진 자연이 참 좋았다. 극단 사람들과는 어울리지 못했고, 단장님 한 분에게만 말했다. 그런데 단원들이 단장한테 내 말을 받아주지 말라고 수군거렸다. 밀양 계곡에서 저녁 식사를 하고 술판이 벌어졌다. 극단 대표님이 술을 마시라고 권했다. 대표님의 짓궂은 강요가 날 내 안의 7살 아이가 튀어나오게 했다. 서러움에 밀양 계곡이 떠나가라고 울었다. 울음이 계속 나왔다.

다음 날 아침 식사 준비 중에 단장님은 계속 내게 말을 거셨다. 계란 후라이를 넌지시 올려주셔서 사과를 받아들였다. 어쩔 줄 몰라 하시는 단장님을 보며 괜히 머쓱했다. 한 달여 동안 설거지를 하면서 '설거지를 하더라도 배울 게 있는 곳이어야지. 당최 배울 게 없잖아. 극단을 나가야겠다'라고 결심했다. 밀림 속 뜨거운 여름에 잠시 떠오른 태양이 지나간 시간 같았다. 그렇게 극단에서의 경험을 마무리했다. '내가 학교에 입학 후 합격 소식을 알려주겠다'라고 생각했다. 합격 소식을 듣고 단원들의 놀라는 표정을 상상했다. 통쾌한 복수도 머릿속으로 그려보았다.

이제 곧 가을이다. 집을 떠나야 하고 연극영화과에도 입학해야 하는데 발을 동동거렸다. 부산이라는 지방의 한계에 부딪히며 연기 학원을 알아보던 중, 극단 연습실 같은 학원을 찾았다. 나이와 이름을 말하고 등록을 위해 왔다고 했다. 선생님은 어두운 얼굴로 "얼굴은 동안인데, 나이도 많고 입시가 3개월밖에 안 남아서 힘들다"라고 하셨다. "저는 한국종합예술학교, 서울예술대학교, 경성대학교로 정했습니다. 누군가의 허락이 아니라 제 인생의 도전이기에 계획을 말씀드리러 온 겁니다. 결과에 대한 부분은 제가 책임질 테니 이곳을 다니겠습니다"라고 말했다. 그 학원은 유명하지도 않고 시설도 부실했다. 하지만 내가 연습할 공간이 있다는 사실 자체로 기뻤다.

학원생은 3명의 여학생과 1명의 남학생이 있었다. 다들 선하고 착한 아이들이었다. 25살, 새로운 도전장을 내밀었다. 종일을 광안리 바닷가 뛰기, 줄넘기, 다리 찢기, 발성, 뮤지컬 노래 연습, 이완 스트레칭, 무용 동작 등을 체계적으로 연습하며 몇백 가지가 넘는 캐릭터의 독백 연습을 했다. 도서관에서 100권의 책 읽기에도 도전했다. 힘이 되는 문장과 긍정의 문장을 내게 대입시켰다. 점점 살이 빠지면서 얼굴도 작아졌다. 암기력에 강해서 독백은 거의 다 외웠다. 모든 것이 신나고 재미있었다. 한 달을 1년처럼 여기며 계획대로 진행했다. 입시 독백과 뮤지컬 넘버도 정해주셨다. 〈FAME〉의 〈메이블의 기도〉와 《신의 아그네스》의 수녀 역이었다.

드디어 3개월의 고된 연습 기간이 끝났다. 이 공간을 알차게 활용했기에 후회는 없다. 혹독한 계획표일 수도 있었지만 내가 약속한 시간을 지켜냈다. 한국종합예술학교에서 지정 대사가 주어졌다. 긴 대사를 암기해서 연기했다. 눈앞의 보이지 않는 형체를 어루만지며 실체가 보이는 것처럼 대사를 내뱉었다.

"나의 하루하루는 지옥 같았어."

긴 대사를 다할 때까지 감독 교수님들이 컷을 안 하셨다. 그러다 화를 내시며 "25살까지 지금껏 뭐 했어?" 하는 질문이 날 차갑게 얼렸다. '뭐. 뭐. 뭐 했지? 치과부터' "치과"라고 작은 목소리로 이야기했다. 더 이상 말을 못 했다.

서울 예술 전문대학교 실기를 보러 갔다. 연극과 선후배들이 안내를 위해 대기하고 있었다. 그 사람들을 보고 머리가 아프고 숨이 턱 하고 막혔다. 내 이름과 나이를 보고 "회춘하셨어?" 하며 비아냥거리는 말투로 무시했다. 사람들은 참 아름다운 말을 나쁜 언어로 바꾸는 대단한 능력을 가지고 있는 듯하다. 시간이 아깝다는 생각이 들곤 한다.

경성대학교 입시 날이다. 자유 대사로 준비한 《신의 아그네스》의 대사를 "너는" 하고 시작하는데 "그만" 하셨다. 뮤지컬 노래를 진성으로 한 구절 부르니 또 "그만"이라고 교수님이 말씀하셨다. 감독관 교수님들의 편안한 무언가가 느껴졌다. "만학도 생활을 잘할 수 있겠니?" 질문에 "네. 자신 있습니다." 밤하늘의 별을 보고 또 보았다. 새로운 삶의 희소성 있는 미래를 그려보았다. 반짝이는 별이 참 좋다. 사람들이 풀지 못하는 별은 신비로움으로 다가왔다. 수수께끼 같은 또 다른 별들도 계속 떠오른다. 그렇게 대학 합격자 발표를 기다렸다.

인생의
가나안을 위해

20대 중반, 만학도로 경성대학교 연극영화과에 입학했다. 나는 학과의 기강이 잘 스며 들었다. 입학시험을 치르며 받은 에너지가 있었다. 그것은 또 다른 에너지를 만들었다. 친구와 상경해야 한다고 찰떡같이 약속했다. 부산에 남게 되는 꿈을 꾸었지만 친구에게 서울을 재차 강조했다. 그러나 현실은 서울행이 아닌, 부산행이었다. 내가 선택한 학과는 말도 많고 탈도 많았다. 하지만 배우고 싶고 하고 싶은 게 많았던 어린 시절을 보상해주었다.

부모님에게 연예인은 딴따라라는 편견이 컸다. 내 앞에는 항상 부모님이라는 산이 있었다. 서울에 계신 친척들과 입을 보태면서 천한 직업이라며 부정적인 말이 커졌다. 나는 공연학과가 꼭 연기만 하는 것은 아니라며 광범위함을 전했고, 기간제 교사, 교수 등의 진로를 말씀드리고 설득했다. 아버지께서 일본에 계실 동안 내가 하지 못했던 것을 하겠다고 전했다. 고집을 굽히지 않자 부모님께서도 무겁게 말씀하셨다. 두 분께도 가수와 배우 제의가 있었다고 했다. 하지만 여전히 시키는 대로 하는 천한 꼭두각시 노릇을 하는 딴따라고 반감을 내비치셨다.

입학 후 대학교 생활이 시작되었다. 내가 제일 나이가 많은 줄 알았다. 한 살 많은 형이 있었고, 동갑내기가 2명이나 있었다. 두 사람은 영화과였고, 나머지는 연극과다. 교수님께서 서로 힘내서 졸업하라는 교수님의 배려 같았다. 정말 든든하고 기뻤다.

몇 주 뒤, 신입생 오리엔테이션이 열렸다. 3월 1일에는 신구 대면식이 있었다. '이건 도대체 뭘까?' 싶었는데, 새벽부터 정신 훈련을 받는 것이었다. 그날 훈련 중에 비가 왔다. 야외 운동장을 몇 바퀴 돌면서 어깨동무를 했다. 한 사람의 낙오자가 있어도 안 되기에 속도는 늦어졌다. 부축하며 호흡을 맞췄다. 구보에 오리걸음을 했다. 온몸에 흙탕물이 묻었다. 오른쪽으로 구르고 왼쪽으로 굴렀다. 몇 바퀴를 돌고 뛰고 구르느라 흙투성이가 되었다. 선배들의 고함, 날카로운 기합 소리가 하늘을 찌른다. 온몸에 힘을 주어 소리를 내고 나니 어지러웠다. 도중에 상처를 입고, 울며 포기하는 이도 있었지만 대부분은 숨죽여 마음을 모았다. 힘들수록 서로를 의지했다.

말보다는 눈빛으로 빨리 이 시간이 끝나길 바랐다. 드디어 온몸에 땀과 흙이 뒤섞인 채, 드디어 야외 훈련이 끝났다. 제대로 씻지 못하고 재빨리 옷을 갈아입어야 했다. 나를 향해 한 선배가 걸어왔다. "옷지 마"라고 해서 나는 입을 꾹 다물었다. 또다시 "웃지말라고 했을 텐데" 하며 더 큰 소리를 냈다. '웃음이 많았던 나의 습관 때문인가? 아니면 서비스직을 하던 시절의 미소 연습이 습관이 된 것인가?'라는 생각에 무표정을 지었다. 난 그날 입을 다물면 내 입꼬리가 올라간다는 사실을 알았다. 고양이 '가필드' 같았다.

고된 훈련을 받고 제대로 씻지도 못한 몸으로 걸어 학교 안 대극장으로 이동했다. 그곳에는 많은 대선배가 계셨다. 노래와 연기, 춤 등을 선보이는 시간이었다. 동기들은 겁에 질려 있었고 제대로 자신의 실력을 발휘하지 못했다. 동기들은 예상치도 못한 상황에 더 긴장했다. 선배들의 질문이 시작되었다. "지금 이런 상황에서 왜 자신의 재능을 보여야 한다고 생각하나?" 적막감이 흘렀다. 그때 나도 모르게 손을 번쩍 들었다. "네! 그것은 저희가 언제 어디서든 어떤 상황에도 재능을 펼쳐야 하는 직업이기 때문입니다." 내 이름이 불렸다. "지금의 각오를 표현할 수 있겠나?"라는 질문에 "제 안의 거인을 깨우겠습니다!"라고 답했다. 그리고 연기와 노래를 펼쳤다. '왜 이렇게 잘하는 거지? 멋있었어' 하고 생각했다. 자신감이 가득 찬 또 다른 내가 보였다. 그 대답을 듣고 아버지 연배의 왕 선배님이 내게 "이번 기수 아이들을 잘 부탁한다"라는 말을 했다. "네, 최선을 다하겠습니다"라고 답했다.

신학기가 되었고, 2, 3, 4학년 선배를 보면 인사를 우렁차게 했다.

복도를 이동하면서 힘찬 목소리로 "반갑습니다" 하고 인사한 후에 자세히 보았다. 초등학교 때 교회 친구였다. 경성대학교 선배가 되어 있었다. 너무 놀라 내 눈을 의심했다. 친구는 이곳에서 자신의 기량을 뽐내며 학업 생활을 하고 있었다. 그 친구는 미남에 인기가 많은 친구였기에 더 멋있었다. 연기까지 잘하니 최고였다. 훗날 〈에쿠우스〉 등 매력적인 배역도 소화했다.

연극영화과 생활은 흥미진진했다. 몸을 쓰는 동작도 배우고 분장 수업 등 다채로운 수업이 흥미로웠다. 수업이 끝나면 대면식이 있었는데, 대학생들이 마음껏 즐길 수 있는 술자리가 많았다. 새벽 4~5시까지 센 척하며 술 대신 물을 마시며 그 자리에 함께했다. 선배들이 술자리에서 유명한 배우 이름을 말하며 서울로 갈 수 있다는 제의를 했다. "남경주 선배 소개시켜줄게. 서울로 상경해라." 많은 선배들이 다가왔다. 나는 그들의 모습이 마치 상어 떼처럼 달려와 내 살을 뜯어 먹을 것같이 느껴졌다. 물론 후배가 잘되길 바라는 마음이었을 것이다. 하지만 그때는 호의도 달갑지 않았다. 나는 사람에 대한 공포를 잘 느꼈고 무서웠다. 선의의 마음도 경계했다. 누군가 시키는 대로 하는 것을 거부했다. 내가 원할 때 하고 싶은 것을 해야 하는 고집이 있었다.

학기 중에 휴학을 하게 되었다. 동기들은 나와 7살 차이 나는 동생들이었다. 휴학생활 중에도 많은 이들이 내게 도움과 상담을 청했다. 심적으로 힘들었다. 뒤에서 몰래 도와주는 것보다 앞에서 책임감 있게 해야 하는 상황이 부담스러웠다. 처음에는 전화와 문자가 시도 때도 없이 왔다. 사생활에도 방해가 되었다. '공인의 자질은 없겠다' 하는 생각도 들었다. 핸드폰을 저 밑에 묻어두고 싶었다. 번호도 자주 변경했다. 그 부분이 동기들과 동생들에게 미안함으로 남아 있다. 사회생활까지 병행하느라 졸업장을 받기까지 꽤 시간이 걸렸다. 그 과정의 감정들이 눈앞에 펼쳐졌다. 여러 감정이 눈물이 되어 흘렀다.

앨범을 뒤적이다 공연 팸플릿이 보였다. 셰익스피어 4대 비극 중 《햄릿》을 각색한 스터디 공연이었다. 오디션 후 오필리아 역을 맡았다. 너무 여린 여성상이어서 락 스타일로 바꾸고 싶다는 의견을 냈다. 조연출이 대중이 원하는 오필리아 역을 하길 바랐다. 나는 현대적인 강인한 여성상이 계속 떠올랐다. 대본이 정해 있으니 어쩔 수 없었다. 스프링으로 둘러싼 대본 연습을 했다. 흰 드레스를 입고 화관을 쓴 모습이었다.

햄릿 : 그대, 얼굴은 아름다운가?

오필리아 : 전하, 무슨 말씀이신가요?

햄릿 : 글쎄, 정조가 굳고 얼굴까지 아름답다면 말이오. 그 둘 사이가 너무 친하게 지내지 않도록 하시오.

오필리아 : 전하, 여자의 아름다움과 정조처럼 잘 어울리는 연분이 어디 있겠습니까?

햄릿 : 그대는 내 말을 믿지 말았어야 했소. 썩은 나무 밑바탕에 제아무리 미덕의 새 가지를 접목한들 원래 바탕은 완전히 없어질 리야 있겠소? 그러니 난 사랑 따윈 하지 않았소.

오필리아 : 그렇다면 소녀는 더욱 속은 셈이네요.

햄릿 : 수녀원으로 가시오. 왜 그대는 죄 많은 인간을 낳고자 하는 거요? 곧장 수녀원으로 가시오! 수녀원으로 가시오! 수녀원으로 가시오!

수녀원으로 가라는 대사가 오랫동안 머릿속에 맴돌았다. 언젠가 수녀님을 만나야 한다는 생각이 들었다. 수녀님을 만나면 수녀의 삶 이전의 성관계, 개인적인 사랑 이야기, 신부님과 수녀님의 사랑 이야기 등 많은 질문을 하고 싶었다.

그리고 나는 왜 계속 인간들의 천한 사랑이라고 하는지 궁금했다. 나는 진지했지만, 주위 사람들이 놀리거나 웃어버리니 답을 찾을 수가 없었다. 정보를 수집하면서 스스로 정답을 찾기로 했다.

어느 날, 지금껏 하지 않은 새로운 독백을 하고 싶었다. 수업 시간 과제로 악역에 도전했다. 불륜녀이면서 전 부인에게 아주 당당하고 뻔뻔한 대사를 하는 캐릭터였다. 처음엔 어색했지만, 스카프로 머리 두상을 감싸고 큰 귀걸이로 캐릭터에 몰입했다. 어색해서 웃음이 계속 나왔다. 그러나 그 배역을 소화해야 했다. 될 때까지 무한 반복했다. 원하는 캐릭터가 나왔다. 중앙대학교에서 우리 학교로 오신 몇

분의 교수님이 계셨다. 연극 교수님께서 칭찬해주셨다. "천의 얼굴이었구나. 서울의 극단 대표를 소개해줄게"라고 말씀하셨다. '내가 겁 없는 남자로 태어났다면 이 방, 저 방, 연습실 바닥에서라도 잠을 자며 서울 생활을 했을 거야'라고 생각했다.

뮤지컬 〈맘마미아〉라는 작품을 어릴 때부터 좋아했었다. 그리스 산토리니를 배경으로 한 투명한 에메랄드빛 바다를 보면 누구든 빠져나오지 못할 것이다. 신나게 춤추는 배우들의 매력적인 연기도 인상 깊었다. "신나게 춤춰봐. 인생은 멋진 거야. 기억해. 난 정말 최고의 댄싱퀸" 나는 댄스는 자신 없었기에 재즈댄스 강사 친구를 찾아가 배웠다. 몸치인 나는 끝없이 연습했다. 사람들의 다양한 삶을 이해하고 연기로 표현했던 시간이었다. 푸르름에 떠오른 에메랄드빛 같았다.

시키는 대로 하는 배우보다 내가 원하는 의미 있는 작품을 하고 싶었다. 그래서 더 많이 배우고, 지식도 채우고, 인맥도 넓히고 싶었다. 연기에 도전하고 배우면서 제일 중요한 것은 예의였다. 그동안 축적된 아픔들을 연습실 혹은 무대라는 곳에 벗어 던졌다. 쌓였던 묵힌 변이 나오는 쾌변을 한 듯했다. 통증으로 막힌 가슴이 카타르시스로 뻥 뚫렸다. 연기를 하며 힐링의 시간을 가질 수 있었다. 사람은 누구나 치유할 능력이 있기에 가능했다. 그리고 인간의 한계에도 접할 수 있었다.

만학도 생활 동안 혼란스러웠다. 만약 지방을 벗어나 서울에서 학교 생활을 했다면 어떻게 되었을까? 잘나가는 영화감독, 뮤지컬배우, 극단 대표의 소개를 받은 인생은 어땠을까? 사람들이 말하는 성공을 찾을 수 있었을까? 나는 왜 성공시켜준다고 말하는 사람들의 선의가 나를 해치는 것처럼 느껴졌을까? 그때는 어둠이 무서웠던 것이 제일 큰 이유인 줄 알았다. 순간 머릿속 전구가 번쩍였다. 초승달 지대인 메소포타미아 혹은 이집트는 나일강 등으로 인해 찬란한 문명을 형성했지만, 가나안은 척박한 토양이다. 그 척박한 땅 가나안을 젖과 꿀이 흐르는 땅이라고 한 것은 하느님의 말씀인 율법과 규례로 통치하고 있었기 때문이다. 남들이 쉽게 가려 하고 많이 가려는 방법에 항상 브레이크를 걸었다. 스스로 던진 의문에 어쩌면 내 인생의 가나안을 찾았는지 모른다. 세상은 화려했고, 유혹도 많았다. 성공을 향해 손짓해도 내 영혼은 허상임을 알고 있었던 것 같다.

나는 르네상스적인
인생을 계획한다

서면 쥬디스 태화 백화점 건물 왼쪽에 에뛰드 하우스 매장이 있었다. 매장 인테리어가 온통 분홍색이다. 간판이나 직원들의 유니폼, 그리고 진열대 상품들도 분홍빛 세상 같았다. 이번 경험은 이곳에서 하고 싶었다. 국민은행 지점장님과 사모님께서 운영하셨다. 마침 직원을 구하고 있었다. 매니저님과 사모님을 뵙고 일을 시작했다. 2006년 에뛰드 하우스 모델은 고아라였다. 인형 같은 얼굴의 모델 사진이 곳곳에 자리하고 있다. 그 당시 방문 고객들은 고아라 귀성형 여부에 관심이 컸다. 그러나 이내 사랑스러운 얼굴과 메이크업 상품에 마음을 빼앗겼다. 쇼핑 바구니에 제품을 한가득 담았다.

사모님은 은행 일을 그만두시고 주부 생활을 하셨다고 했다. 몇 년 전에는 더 바디샵을 운영했는데, 매출이 꽤 높았다고 하셨다. 화장품 매장 운영을 잘하셨다. 선물 세트를 리본으로 묶어 포장을 잘하셨다. 새로운 곳에서 호기심이 배가 되었다. "저도 해볼게요" 하고 사모님과 매니저님을 따라 했다. 재미있어서 시간 가는 줄 몰랐다. 유동 인구가 많은 곳이었기에 오고 가는 사람들이 많았다. 한 달이 되었다. 매니저님이 할 말이 있다고 하시더니, 넌지시 내게 말을 꺼냈다.

매니저 : 일을 그만두고 싶은데, 혹시 매니저 일을 해볼 생각이 없어?

호기심 가득한 직원 : 네? 갑자기 그만두신다니요?

매니저 : 더 바디샵 일도 같이했고, 사모님과 함께한 시간도 꽤 되었어. 좀 쉬려고.

호기심 가득한 직원 : 아니 만나자마자 이별 이야기에 너무 슬퍼요. 화장품 경험도 없는 제가 어떻게 매니저를요….

매니저 : 갑작스럽겠지만, 내가 보기엔 뭐든 충분히 해낼 수 있을 것 같아.

호기심 가득한 직원 : 너무 뜻밖의 상황이라서요.

매니저 : 그래, 마음의 준비가 되면. 그런데 기회는 뜻하지 않을 때 오는 거다.

매니저님은 그 후 날마다 나를 설득했다. 그리고 사모님께서도 매장에 오셔서 잘할 수 있을 것이라고 격려해주셨다. 그렇게 서면 태화점 매니저를 하게 되었다. 매니저를 하면서 전 매니저님의 빈자리가 느껴졌다. 잠시 동안이었지만 의지했던 그분 자리에 내가 있었다. '자리가 사람을 만든다'는 말이 있다. 직원이 7명 있었다. 인

수인계 후 계획을 짜고 아이디어를 더해서 다이어리에 꼼꼼히 적었다. 다양한 아이디어가 두둥실 구름처럼 떠올랐다. 직원들을 관찰하니 성향이 참 다양했다. 그런데 나를 매니저로 생각하지 않은 직원이 대부분이었다.

일하면서 몇몇이 나에 대한 어이없는 뒷담화를 사모님께 했다. 밥을 먹으면서 나와 이야기했을 때와는 전혀 달랐다. 앞에서는 아첨하듯 말하고, 뒤에서는 비난했다. 나의 행동 하나하나를 자기 생각으로 추측하거나 있지도 않은 일을 꾸며냈다. 속이 부글부글 끓었다. 지난 시절 옷 가게에서 일하면서 그런 부류의 사람에게 정나미가 떨어진 사건이 있었는데, 모두를 불러 삼자대면을 했었다. 한 사람으로 인해 직원들 모두가 힘들었던 시간이었다. 어딜 가나 겉과 속이 다른 사람들이 꼭 있었다. 비열하고 야비한 하이에나 같았다.

'매니저님이 청소를 안 한다'라고 뒷담화했다고 한다. 그 말에 기가 찼다. 사모님은 시기, 질투라는 말을 했다. 화가 치밀었다. 손님이 없어 직원들에게 할당량의 청소 구역을 주었고, 도중에 다 못한 청소는 마감 때쯤 내가 하면서 점검하려고 했다. 화가 나서 사모님께 "매니저는 청소하는 사람이 아닙니다"라고 말씀드리니 "맞다. 맞다" 하며 크게 웃어주셨다. 그래도 내 마음을 몰라준 직원들을 보고 있자니 속상했다. 뒷담화 선동 직원은 붓으로 없는 먼지를 수차례 털어냈다. 정신 사나웠다. 결국 말없이 일을 그만두었다.

부산에는 서면 지하상가, 태화점, 남포점, 덕천점, 마산점 등을 관리하는 담당자가 있었다. 담당자는 경력도 없는 내가 매니저를 맡아 탐탁지 않게 생각했다. 여기저기 나를 끌어내리는 이들이 있었다. 이 상황에 동물의 왕국, 먹이사슬이 생각났다. 무엇보다 뒤에서 사모님께 내 이야기를 한 것이 제일 기분 나빴다. 일하는 중에 담당자가 자료를 들고 왔다. 장소를 옮겨 회사가 요구하는 항목들을 들었다. 설명이 끝난 후 질문을 하니 나를 무시하는 듯한 말투에 기분이 나빴다. 질문을 해도 듣는 둥 마는 둥 했다. 그 당시 내 앞머리와 전체 머리를 일자로 한 레고 머리를 곁눈질하며 훑어보는 시선이 불쾌했다. 난 더 이상 말을 하지도 않고 듣지도 않고 '곧 멋진 결과로 코를 납작하게 해줘야지'라고 생각했다.

프로모션 상품이 정해졌다. 제품 교육을 받고, 진열도 점검받았다. 그리고 아이디어를 내서 현장에서 실용성을 겸비한 진열을 했다. 프로모션 제품은 마스카라 픽쳐였다. '쳐지고, 번지고, 빈약한 마스카라는 이제 그만!' 모든 마스카라를 명품 마스카라로 바꿔주었다. 나는 방문 고객에게 뷰러를 사용했다. 동양인 눈의 단점을 보완하고 속눈썹을 올려주었다. 그 후 픽쳐 사용을 권해 전후의 모습을 비교해서 보여줬다. 타인의 손이 무서워 눈을 깜빡거리다가 뷰러에 집힌 사람들이 많았다. 고객이 나간 뒤 직원들은 "제 눈을 보세요. 눈을 치켜 올려주세요" 하고 따라 하며 흰자만 보이는 귀신처럼 흉내를 냈다. "살이 집힌 고객이 눈물을 보이며 도망갔어요" 했다. 서로 마음 놓고 참

앉던 웃음을 터트렸다. 사람들의 눈동자 모양에 따라 뷰러 집기 기술이 나날이 늘었다. 더 조심스럽게 한 번에 바싹 올릴 수 있게 되었다. 다양한 사람들과 소통을 하며 열심히 일한 결과가 나왔다. 부산에서 프로모션 1등을 했다. 서울 본사에 교육을 받으러 간 날, 상을 받았다. 전국에서 4등이었다. 매우 흐뭇했다. 무엇보다 나를 얕잡아 본 사람들 코를 납작하게 해줄 수 있어서 기뻤다. 시간이 흘러 담당자와 미운 정, 고운 정이 들어 서로에 대해 솔직하게 이야기하며 응어리를 풀었다. 담당자는 든든한 지원군이 되어주었다.

매장에 낯선 이들의 방문이 있었다. 매장에서 길이를 재고 꼼꼼히 살펴보고 갔다. 이 매장을 확장해서 파리바게뜨가 생길 거라고 했다. 우리 매장은 삼호 게임랜드 옆 건물로 이전했다. 새 매장에서 일하고 있는데 누군가 칼을 들고 나를 향해 뛰어왔다. 너무 놀라 직원들을 내보내고 무작정 뛰어나갔다. 매장 앞에 서면 파출소가 있었다. 경찰은 귀찮다는 듯이 인원이 없다는 둥, 출동 나가서 자리를 비울 수 없다고 말했다. '안전에는 관심도 없는 이곳에는 이제 그만 오자' 생각했다. '사람이 죽어야 살인 났구나 하겠지.' 칼에 대한 두려움보다 경찰 태도에 더 화가 났다. '그래, 내가 언제 누굴 믿었나?' 하고 빠르게 매장으로 돌아왔다. 다시 아무 일 없었던 듯 오후 메이크업 이벤트 행사를 진행했다. 나레이터 직원들이 고객들을 매장으로 입장시켰다. 주말이라 이동하는 사람들이 많아서 매장 안은 고객들로 꽉 차 있었다. 신제품 중에 빛을 담은 메이크업 콘셉트의 오르골 라이트를 선보였다. 강한 펄 감이 시선을 압도했다. '반짝반짝', '샤랄라' 메이크업 실장님의 시연을 보고 배웠다. 그렇게 화려하게 마무리되었다.

평화롭게 직원 업무 시간표 관리를 하고 있었다. 평일과 주말 직원과 아르바이트생도 늘어나 10명이 되었다. 자꾸 거짓말하거나, 뒤에서 뒷말하는 직원들이 수시로 일을 시작하고 말없이 그만두는 것이 반복되었다. 불일정한 일정에 스트레스가 쌓이고 있었다. 〈머털도사〉에서 묘선이를 똑 닮은 직원이 나를 험담하고, 무리를 만들어 분위기를 흐리고 있었다. 지켜보다가 10번 중 9번을 인내하고 그 직원을 불렀다. 말을 해야 할 때라고 생각해 맥도날드로 데려갔다. 자리를 잡고 복식 호흡으로 진성 훈련한 목소리의 데시벨을 올렸다. 그 직원은 주위 사람들이 쳐다보자 창피하다고 목소리를 낮춰달라고 했다. 무시했다. 복식호흡법으로 더 큰 진성의 목소리를 냈다. 그동안 알면서도 모른 척해준 부분과 행동을 지목해서 따져 물었다. 그 직원은 자꾸 남의 시선에만 신경 썼다. 나는 그 직원을 잘랐다. 그리고 그 이후 일은 하지 않고 남 뒷담화만 하고 언행이 불일치한 직원들에게도 일을 그만두라고 했다. 그 결과, 넓은 매장에서 나 혼자 1인 7역을 하게 되었다.

지점장님은 "물이 너무 맑으면 물고기가 살 수 없다"라는 말씀을 해주셨다. 사모님께서도 텅 하니 비어 있는 매장을 보고 놀라셨다. 그동안 힘들었던 상황을 아시기에 직원들을 관리할 때 알고도 모른 척, 보고도 못 본 척하면서 그렇게 이끌어야 한다고 하셨다. 사모님께 면접 본 아이들과 내가 뽑은 아이들 라인이 나눠진다고 말씀드렸다. "앞으로 제가 일할 직원들을 직접 뽑고 관리하겠습니다"라고 했다. 그리고 내면과 외면이 강한 사람을 아르바이트생 기준으로 정했다.

스튜디어스 지망생, 공무원 지망생, 유학 준비생 등 열심히 살면서 아르바이트를 구하는 직원들을 뽑았다. 근무 시작 사항을 지킬 수 있어야 일할 수 있다고 했다. 약속 잘 지키기, 거짓말하지 않기, 무단결근 금지, 최소 6개월 이상에서 1년 일하기 등의 내용이었다. 사모님은 "각서에 도장을 찍고 사람을 구했니?"라고 물으며 잠시 웃음을 참는 듯하셨다. 그러나 나는 진지했다. 직원들의 변수가 많고 다사다난한 사건사고들도 많았다. 그렇게 좌충우돌하며 인간관계에 고민하고 한 단계씩 배웠다.

'르네상스적'이라는 말은 다양한 분야에 재능을 가진 '만능인'을 칭하고 있다. 이 용어는 재생, 부활이 어원이라고 한다. "르네상스적이다"라는 말은 무지갯빛을 닮았다. 변화무쌍한 용어가 주는 충만한 울림이 있다.

혼자 모르는 것투성이였던 나는 매장 일을 통해 바쁘게 일어나는 사건사고 속에서 다양한 경험을 했다. 매니저라는 위치에서 매장 운영,

시장 조사 등의 비즈니스적인 부분도 많이 배우게 되었다. 힘든 상황의 절정에 다 달았을 때는 인간 자체가 싫을 때도 있었다. 그러나 인간관계의 이해 폭을 넓히고, 다방면에서 성장시켰다. 앞으로도 어제보다 더 나은 삶을 추구할 것이다. 누구도 범접할 수 없는 나만의 매력으로 말이다. 무지갯빛 르네상스 인생으로 오늘도 끊임없이 빛을 향해 나아간다. 빨. 주. 노. 초. 파. 남. 보, 빛의 행진!

고난 돌파의
힘

　심리, 대중매체 등의 교수님들께 인생의 방향을 정하지 못해 종종 조언을 구했다. 교수님의 추천으로 나의 적성은 유아와 맞다는 이야기를 들었다. 미취학 아동 프로그램을 추천받았다. 그중에서도 창의 융합 미술 분야였다. 학원, 교습소, 교육원을 알아보았다. 미술 퍼포먼스, 영재 교육, 놀이를 통한 심리 상담, 블록, 교구 등이 있었다. 내 이력서를 본 원장님은 서비스 경험이 있는 것과 다양한 경험을 한 것을 좋아하셨다. 어머니를 상대로 한 브리핑 등을 잘할 수 있을 거라고 하셨다. 다양한 경험이 교육업을 하면서 자산이 될 거라고 하셨다. 총 5명의 강사와 함께했다. 이곳은 오픈을 2주 앞두고 있었다. 매주 회의하며 교육자료를 보고, 서로의 아이디어를 모아 새 교육안을 짜기도 했다.

　오픈 전인데도 상담이 꽤 들어왔다. 전단지를 들고 홍보를 했다. 원장님께서 마트와 약국 등에 가서 홍보물을 놔둘 수 있게 하는 미션을 주셨다. 강사들은 못 하겠다고 했다. 나는 자발적으로 마트에 가서 사장님과 이야기한 후 계산대 앞에 놔두는 것을 허락받았다. 뭐든 잘해낼 사람이라는 칭찬에 뿌듯했다. 원장님은 상담 실장이라는 타이틀을 내게 주셨다. 몇 년 뒤 혼자서 이런 곳을 운영하려면 다양한 부분을 배워두라고 하셨다. 내가 잘할 수 있는 부분을 하나씩 채워나갔다.

다음 날 첫 체험 수업을 앞두고 있었다. 강사들과 수업 연구와 함께 돌아가면서 시범 수업을 했다. 역할 놀이도 했다. 서로 부족한 점을 메모해서 조언하고 보충했다. 원장님 상담 후 체험 수업을 진행했다. 대형 전지에 5가지 색의 물을 담고 비를 만들어본다. 촉각에 예민한 아이들은 장화, 비옷, 우산 등의 도구로 자극을 늘려나갔다. 강한 불안감을 나타낸 아이는 어느새 물과 소통하며 흥미를 가졌다. 자신만의 상상력을 펼친다. 사랑스러운 아이들이 너무 행복해했다. 공교육에 없는 이 수업이 아쉽지만 나 역시도 신이 났다.

밀림 숲을 옮겨놓은 듯한 야자나무, 얼룩말, 원숭이, 악어, 동화 속 신비로운 새들로 가득 채워 정글 방을 꾸몄다. 아이들이 너무 좋아할 것 같았다. 책을 읽으며 아이들의 상상력을 불러일으켜 새로운 세계로 들어갔다. 흥미를 유도하기 위해 〈악어떼〉 동요를 불렀다. '엉금엉금 기어서 가자. 악어떼가 나타나면은 악어떼가 나온다. 악어떼!' 노래를 부르고 악어를 만들어본다. 각자가 자신감을 얻어 자신을 표현했다. 너무 감정이 폭팔하면 조절하는 법을 배우기 위해 악어 모양의 악기도 만들어본다. 꺄르르 하고 웃음이 끊이질 않는다. 책을 같이 읽기도 하고, 책 표지를 고사리 같은 손으로 꼬물거리기도 했다.

바다 방도 완성했다. 푸른색 대형 비닐로 파도를 만들고 고래, 상어, 가오리, 해파리, 크고 작은 물고기들을 꾸몄다. 그 아래에는 모래사장도 만들었다. 이번 시간은 4세, 5세, 6세의 4명의 어린이와 진행했다. 3명의 아이들은 모래를 온몸에 뿌리고 모래성을 만들기도 했는데, 모두가 모래놀이를 좋아할 거라는 예상과 달리 제일 어린 민호는 발이 땅바닥에 닿는 것조차 싫어했다. 민호를 위해 책상과 가까운 의자에 모래가 올 수 없는 안전지대를 만들어주었다. 모래를 만지고 밟는 모습을 먼저 보여주었다.

민호는 처음에는 모래가 자신에 발과 몸에 닿을까 봐 격렬하게 울고 버둥거렸다. 그러다 시간이 지나자 적응하며 함께 모래성을 만들었다. 그다음 주에는 공룡시대 화산폭발 실험 수업도 진행했다. 베이킹소다와 식초를 이용해서 화산이 일어난 장면을 표현했다. 아이들과 함께하는 시간은 즐거웠다. 공교육에 대한 반감으로 굳어 있던 마음도 녹아내리는 것 같았다. 내 안의 내면아이가 튼튼하게 성장했다. 아이들 수업 시간에 부모님들은 가끔 유리문과 CCTV를 통해 아이들을 지켜보았다. 아이들은 신나게 수업하고 부모님들에게도 책을 읽거나 차를 마시는 휴식 시간이 되었다.

방학 특강 수업이 시작되었다. 아이들에게는 집이라는 장소에서 엄마표 한계를 벗어나는 시간이었을 것이다. "안돼", "하지 마", "인 제 그만"이라는 말이 '마음껏 표현하자'로 바뀌는 시간이다. 수업이 끝나 "재미있었어?"라고 물으면 아이들은 조잘조잘 신이 난 듯 자랑하는 생동감 넘치는 오감 교육이다.

특강1은 엘사 수업으로 진행되었다. 온통 새하얗게 표현했다. 파란색의 얼음 결정체도 표현해서 시각적으로 멋을 주었다. 얼음 궁전을 꾸미고 〈겨울왕국〉 노래도 들었다. 사랑스럽고, 깜찍한 공주들은 세상을 다 가진 듯 기분이 좋아 보였다. '렛잇고~ 렛잇꼬' 이 부분만 따라 부르는 듯했다. 귀여운 아이들의 표정에 마음이 사르르 녹았다. 교실은 밀가루로 가득 찼다. 혼낼 부모님도 없다. 환상적인 마무리로 밀가루 산을 눈 삼아 마음껏 던졌다. 서로의 얼굴을 보며 웃음이 끊이지 않았다. 서로의 얼굴을 보며 너무 행복했다.

특강2 시간에는 큰 대야에 미꾸라지들을 준비했다. 미꾸라지들의 점프력이 좋아 날아다니는 것 같았다. 너무 많이 있어서일까? 아이들과 함께 소리를 질렀다. 나는 원래 생물들을 겁 없이 만진 것 같은데, 그날따라 굵은 미꾸라지들을 만질 수가 없었다. 뜰채로 잡으려다가 바닥에 떨어졌다. 모두가 소리를 질렀다. "선생님, 너무 무서워" 했더니 6살 된 이준이가 "선생님, 제가 도와줄게요" 하더니 바닥에 꿈틀거리며 점프하는 미꾸라지를 잡아주었다. "이준이는 멋진 보디

가드야"라는 별명을 지어주었다. 그리고 양치하기로 약속을 받고 초콜릿을 주었다. 달콤한 초콜릿을 보며 함께 웃었다. 아이들의 잠재력을 찾아 자유롭고 신나게 수업했다.

웃음 가득한 수업을 하던 어느 날이었다. 인천에서 직수입 의류 사업을 하는 에비뉴 대표님이 부산에 오셨다. 5년째 전화로 스카웃 제의를 해주신 분이다. 몇 차례 제의를 거절하면서 죄송함과 감사한 마음이 교차했다. 대표님께서 반토막난 월급 생활을 그만두고 서울, 일산, 경기도 매장에서 옷 진열과 직원들 교육을 하는 일을 권하셨다. 순간, 그곳에서 선자리 이야기가 거론되었다. 너무 열정적으로 일할 필요가 없다고, 소개해준 사람과 결혼하면 네가 원하는 것을 다 얻는다고 하셨다.

"제가 원하는 게 뭐예요?"라고 물었다. "돈, 집, 명예, 땅, 명품, 모든 것이지"라는 답을 듣고 뒷걸음질쳤다. 자본주의 사회에서는 돈도 중요하다. 하지만 모래성 위에 허물어지는 집 같다는 생각을 했다. 월급은 적어도 내 마음이 충만했다.

시간이 지나 근거리에 있는 미술 융합센터에서 근무하게 되었다. 그곳 소장님은 4자매셨다. 아파트 상가 안에 4자매가 영어, 수학, 미술, 피아노학원을 운영하셨다. 소장님께서는 미술 융합센터에서 아이들을 1년만 부탁한다고 하셨다. 선생님들이 자주 바뀌어서 그런 당부를 하셨다. 아이들 출석부를 먼저 살펴보았다. 아이들 수가 총

37명인데, 당시에는 11~12명만 있었다. 아이들을 간접적으로 모으기 위해 피아노 학원과 미술실 입구 경계선에 복면가왕을 만들기로 했다. 첫 수업을 했는데 아이들의 대부분이 "선생님, 이거 할까요?", "어떤 색깔로 할까요?", "크기는 어떻게 할까요?"라고 물었다. 아이들의 말을 듣고 "오 마이 가스렌쥐"로 답했다. 아이들은 "예솔! 칫솔! 마데카솔!" 하며 합창하듯 해맑게 웃었다. 미술 융합센터는 지금껏 수동적으로 진행된 것 같았다. 연구 교재를 펼쳐봐도 정형화된 그림이 많았다. 내가 이곳에서 아이들에게 줄 수 있는 것을 찾았다. 능동적인 사고를 할 수 있는 선물을 주는 것이었다.

3명의 아이가 친구에게 트집을 잡는 등 반 분위기를 흐렸다. 가정에서의 불만이 밖으로 나오는 것 같았다. 3학년 주은이는 어른들의 텃새와 심술의 중간에 걸쳐 있는 행동을 했다. 아이에게도 피해가 가는 행동을 했다. 주은이를 지켜보다가 수업을 마치고 마음을 나누기로 했다. 눈이 마주치자 주은이는 악을 쓰며 울기 시작했다. 소장님이 오셔서 "주은이 왜 울지?"라고 하셨다. 주은이는 더 심하게 울었다. "소장님, 주은이와 이야기를 한번 해보겠습니다" 하고 말했다.

주은이와 단둘이 남았다. 주은이는 목이 쉴 정도로 악을 쓰더니 한참 후에야 울음을 그쳤다. 나는 주은이에게 물었다. "수업 중에 왜 그런 말들을 했어? 동생들이 계속 쳐다보며 집중을 못 했어. 다들 인상을 쓴 거 봤어? 선생님, 마음이 아파서 수업을 못 할 것 같아. 네 생각은 어때?" 그 말에 주은이는 나를 빤히 쳐다보았다. 코를 훌쩍거리더니 말이 없었다. 그렇게 집으로 돌아갔다.

다음 날, 태권도 학원에 다니며 아이들을 괴롭히는 악동 규태가 왔다. 열심히 수업을 듣고 있는 아이들 틈에서 던지고 장난치고 돌아다니면서 욕설까지 했다. 전체 수업을 할 수 있는 교실 안 옆의 다른 공간에서 수업을 진행했다. 미술 수업 시간, 아이들이 자신의 작품에 더 집중할 수 있도록 했다. 아이들이 좋아하는 달란트를 아이디어를 낼 때마다 팍팍 주곤 했다. 내가 좋아하는 별 상도 주었다. 규태는 시간을 두고 조금씩 마음을 주고받으며 부모님께 말 못 할 비밀 이야기도 나누었다.

수요일에는 바우처 수업을 하는 소담이와 지훈이를 만났다. 다문화 가정의 남매는 너무도 예쁘고 잘생겼다. 그런데 머리부터 발끝까지 부모님의 보호와 사랑을 받지 못하는 환경에서 자라는 것 같았다. 낡은 옷에 얼굴에는 콧물과 검은 먼지들이 보였다. 제대로 못 먹었는지 많이 야위어 있었다. 다음 날, 집에 있는 먹거리를 챙겨 나와 바나나상, 과자상, 라면상이라고 소개했다. 스스로의 아이디어를 내면 상을 주었다. 처음에는 어리둥절해하더니 점점 생각의 가속도가 붙었다. 상으로 바나나나 과자, 라면 등을 받은 아이들은 며칠 굶은 것처럼 급히 먹었다. 그 이후 더 다양한 상을 만들었다. 웃는 모습을 보니 기쁨이 배가 되었다. 다행히 그 시간에는 다른 아이들이 없었다. 한 달간 자세하고 꼼꼼하게 아이들과 소통했다. 아이들은 잘못이 없다. 100% 어른의 잘못이라는 확신이 들었다.

주은이에게는 군대 간 오빠가 있었고, 맞벌이 부모님 밑에서 집에서는 늘 씩씩한 척하고 있었다. 주은이는 설움의 울음을 흘리고 난 후 나와 속마음을 털어놓는 친구가 되었다. 자신이 아끼는 미니어처를 내게 선물했다. 규태는 할머니와 떨어져 혼자 지내고 있었다. 규태는 나와 약속을 하고 아이들과 함께 수업 규칙을 지켰다. 소담이와 지훈이를 위해 요리 수업을 추가했다. 제과점에서 먹어본 베이컨 롤말이 빵, 스파게티, 튀김 등의 수업을 진행했다. 흥분한 아이들의 밝은 미소가 눈앞에 선하다.

한 달에 한 번 아이들의 의견을 반영해 새 수업을 했다. 아이들은 점점 아이디어에 적극적이었고, 조금씩 성장했다. 6~7세 아이들도 마찬가지였다. 그중 그림을 수동적으로 잘 그리는 나연이에게 큰 틀의 아이디어를 정해주고 자잘한 아이디어를 추가해서 그려보도록 했다. 그 작품이 우수상을 받게 되었다. 보람되었다. 아이들 수도 27명이 되었다. 어린아이들이 과도한 학업에 지쳐 있는 것 같아 스트레스를 발산하게 해주고 싶어서 노래, 댄스, 성대모사, 아이디어 세상 등 다양한 수업으로 함께 웃으며 행복의 시간을 만끽했다.

시장 체험
일지

추억의 놀이 중 '시장에 가면' 게임이 있다. 어린 시절에도 했지만, 대학생, 직장인이 되어서도 했었다. 이 놀이는 먼저, 특정 장소를 정한다. 그곳을 시장으로 결정했다면 있을 법한 것을 나열한다. 먼저 시작하는 사람이 운을 떼운다. A는 시장에 가면 소똥이네도 있고, B는 시장에 가면 소똥이네도 있고 개똥이네도 있고, C는 시장에 가면 소똥이네도 있고, 개똥이네도 있고, 과일 집도 있고, D는 시장에 가면 소똥이네도 있고, 개똥이네도 있고, 과일 집도 있고, 생선 골목도 있고, E는 시장에 가면 소똥이네도 있고, 개똥이네도 있고, 과일 집도 있고, 생선 골목도 있고, 젓갈도 있다로 진행된다. 추억의 게임을 홍얼거리며, 대전 중앙시장으로 향했다.

젓갈 집에 도착했다. 다른 집과 차별된 밝은 조명과 간판이 눈에 띄었다. 과거로 들어간 듯 전쟁 같은 일상이 몰려왔다. 당근 앱의 공고에는 '생선 파실 분! 젓갈 파실 분!' 이렇게 적혀 있었다. 사장님과 통화하니, "우리는 면접을 안 봅니다"라고 하셨다. 그래서 힘든 날을 예측했다. 다음 날 3·1절이 되었다. 태극기가 있는 311 버스를 타고 펄럭이는 태극기를 보니 마음이 뜨거워졌다. 버스에서《인생의 기적을 창조하는 상상의 힘》을 읽었다. 한 손에 쏙 들어오는 크기가 앙증맞지만, 이 책에는 큰 에너지가 담겨 있다. 책 표지도 태극기 문양을 연상케 해서 기쁨이 샘솟았다.

같이 출근한 직원분이 있으셨다. 첫 만남에 재미있는 입담으로 웃음을 주셨다. 그분은 긴 웨이브 머리에 가운데 분홍색 꽃의 집게 핀을 하고 계셨다. 긴 앞치마와 토시를 착용하고 일할 준비를 마쳤다. 젓갈 매장 오른쪽에는 생선이 가득했다. 왼쪽에는 유리 진열장 중심으로 갖가지 젓갈이 있었다. 꼬막 자루가 도착했다. 필리핀에서 온 직원의 손놀림은 굉장히 빨랐다. 고등어, 가자미, 꼴뚜기, 우럭, 도미 등 각종 생선을 바구니에 담아 진열했다. 삼촌, 실장님, 과장님 세 분이 동태를 한 자루 싣고 오셨다. 목포 먹갈치를 세팅하고 꼬막을 저울에 달아 쉼 없이 바구니에 담았다.

몸을 일으켜 젓갈이 있는 곳으로 갔다. 젓갈 진열장에는 깻잎, 밴댕이, 황석어, 오징어, 낙지, 창난, 탕탕이, 가리비, 조개, 청어알, 씨앗 등의 밥도둑들이 보였다. 시골에 가면 할머니께서 사주신 오징어젓갈 먹은 게 다였는데, 이곳은 젓갈 백화점 같았다. 제일 중요한 시식을 했다. 토굴 젓갈이라서 신선하고 맛있었다. 현재 사장님의 부모님께서 논산에서 토굴 체험과 함께 운영 중이라고 하셨다. 과장님께서 "어머니의 할머니의 호랑이 담배를 피던 시절부터 시작되었다"라고 하셨다. 젓갈 진열장에는 유리 뚜껑이 있어서 위생적이었다. 외관상으로도 깔끔했다. 두꺼운 유리문 표면을 닦았다. 문틈 사이의 이물질도 걷어냈다. 젓갈 통 옆면에 떨어진 양념들도 청소하고 젓갈을 위아래 골고루 섞어주었다. 낙지와 오징어젓갈 통이 비어 있었다. 인기 메뉴인 것 같다. 냉동고에 있는 새 상품으로 가득 채웠다.

하루 장사 준비가 끝났다. 모두가 세팅을 마치고 판매를 시작했다. 생선 라인에서 소리가 들렸다. 저 멀리 동굴에서 들릴 법한 울림의 소리였다.

"자! 벌교 꼬막이 4,000원! 벌교 꼬막, 알 꼬막이 8,000원!"

"갈치, 갈치, 먹갈치, 잡아, 잡아! 골라! 골라!"

과장님의 힘 있는 목소리가 지나가는 사람의 발길을 돌렸다.

"어르신, 이거 드시면 쓰러집니다. 허벅지만 한 목포 먹갈치 드시면 힘이 꽉! 지팡이도 탁! 버리십니다." 사장님의 멘트에 웃음이 났다. 사람들이 몰려들어 큰 갈치를 보고 아우성쳤다. 앞에 가는 일행들을 불러 모았다.

"이봐봐! 갈치 좀 봐! 세네갈 갈치 아냐?"라며 말했다. 그 순간, 목포 경매 딱지를 발견한다. 110cm 넘는 길이에 네온 빛을 띠는 눈에 놀라지 않을 수 없다. 매장 앞에 시장바구니를 든 사람들로 빼곡했다. 얼마인지 가격을 물어보고 11~20만 원까지 가격이 나왔다. 몇 차례 가격만 물어보는 이들이 지나갔다. 지칠 때쯤 갈치의 주인이 나타났다. 18만 원, 15만 원에 팔렸다. 작업대에서 손질을 마치고 굵은 소금을 뿌렸다. 갓 잡아온 고등어가 서비스로 추가되었다. 어르신들은 잇몸 만개 웃음을 지으셨다. 아이 같은 미소에 덩달아 웃게 되었다.

입구에서부터 송사리 떼와 같은 행렬의 사람들이 보였다. 젓갈 팀에서 장수 직원 실장님이 "젓갈~"하고 외쳤다. 그 멘트를 들으며 나도 "어머님, 아버님, 밥도둑 맛보세요"라고 냅다 외쳤다. 나의 충만한 느낌대로 했다. 배에 힘을 주고 저 멀리 사람들까지 들리게 진성의 소리를 냈다. 점점 다양한 콘셉트로 멘트를 했다. 중년의 부부가 웃으며 지나가셨다. '웃고 지나가시기만 하면 안 되는데…'라고 생각해 이쑤시개에 낙지를 꽂아 내밀었다. "뭐야?" 하는 사람들에게 "일단 잡숴유"라고 말했다. 부드러운 낙지를 드신 후 판매로 이어졌다. 이곳 시장 인심과 사장님 인심을 더했다. 젓갈 통 가득 뚜껑이 안 잠길 정도로 담았다. 사장님 젓갈을 무기로 사람들에게 소소한 행복을 건네니 서로가 웃었다. "내 맘 보이쥬~"라며 너스레를 떨었다. 추가 주문이 이어지며 지나가는 사람들이 몰려들었다.

이제는 조개껍데기를 가려내야 했다. 기계로 작업한 후 숨어 있는 껍데기를 2차로 작업했다. 라텍스 장갑을 끼니 답답했다. 순간 아이디어가 떠올랐다. 홈쇼핑처럼 시식대를 만들어서 두 가지 일을 병행했다. 젓갈을 사기 위해 줄이 이어졌다. 계속 서 있어서 몸은 지쳐갔지만, 흐뭇한 에너지가 채워졌다. 손님들의 표정이 아이스크림 가게 앞에 몰려든 신이 난 아이들처럼 보였다. 젓갈을 뚜껑이 안 잠길 정도로 드리니 행복해하셨다.

목청껏 소리를 질렀더니 배가 고팠다. 식사 시간이 되었다. 따로 공간이 분리되어 있지 않아서 오픈된 테이블에 앉아서 순서대로 먹었다. 외국인 직원과 같이 먹었는데, 그 직원은 10분도 채 넘기지 않아서 다 먹었다. 너무 놀랐다. 그 모습을 보고 나도 재빨리 돈가스를 씹었다. 밖에서 하나라도 더 팔기 위해 하는 안내 멘트가 더 크게 들렸다. 식사를 해야 할 남은 직원들이 있어서 마음이 급해졌다. 며칠 먹다가 체하게 된 후, 밥을 먹지 않았다. 그 후, 사장님의 배려로 일찍 식사를 하게 되었다. 양치도 못 한 채 바로 나왔더니 속이 메슥거렸다. 아는 것이 없어서 젓갈 종류와 유래 보관법 등을 공부했다. 날마다 새로운 안내 멘트를 시도했다.

한 주가 흘렀다. 생선 팀에 대학생이 새로 왔다. 부끄러울 법도 한데 "알배기 동태 한 마리가 2,000원~, 2,000원~"이라며 큰 소리로 외쳤다. 어린 나이에 이곳에 와서 일하는 용기를 모두가 칭찬했다. 같이 출근했던 직원은 젓갈 팀에 와서 "나 자꾸 불교 꼬막이라고 해"라고 했다. "와우, 모두가 벌교 꼬막이라 할 때 불교 꼬막 멘트는 희소성 있다. 괜찮은데요?"라고 답했다. '꼬막 여신', '젓갈 여신'이라 부르며 말장난을 했다. "오늘 완판하고 만나요"라며 낄낄거렸다.

하루 동안 다양한 사람들이 왔었다. 청각 장애인이 수화로 명란젓을 고뇌하듯 바라보며 어떻게 먹는지 질문했다. 언젠가 수화를 배우고자 했는데 실천을 못 해서 아쉬웠다. 메모지와 볼펜을 가져와 소통했다. 레시피들을 총동원해 적어드렸다. 그러자 그분은 한 손을 다른 손으로 쓸어내렸다. 이어서 두 손을 이용해 손등을 톡톡 쳤다. 감사의 의미 같아 따라 했다. 마음이 온화해졌다.

시식 멘트에 가속도가 붙었다. 연거푸 크게 말했다. 갑자기 한 남자가 다가오며 소리를 질렀다. 너무 놀라 심장이 떨렸다. 옷 가게, 정육점 직원들도 일동 멈칫했다. 사장님께서 식사 중에 나와 그 사람 멱살을 잡았다. 욕을 하며 겁을 주었다. 다음 날 눈치를 보며 조용히 지나갔다. 이곳에 정신이상자들이 많다고 했다. "중전마마 납시오" 하는 이도 있었고, 품바 차림의 정신 나간 춤을 추는 사람도 보였다. 십자가를 짊어지고 가는 예수님이 가발을 쓰고 자주 지나간다. 뒤에서 두 사람이 채찍을 가했다. 〈아기공룡 둘리〉에 나오는 마이콜 같은 분장이라 더욱 우스꽝스러웠다. 사람들은 왜 자꾸 지나가냐며 혀를 찼다.

거친 삶 속에 날마다 박진감이 넘쳤다. 매번 모자부터 발끝까지 구찌로 코디한 분도 자주 지나다녔다. 머리카락이 없으셔서 마치 용궁 예식장에서 주례하는 문어 아저씨 같았다. 상상하기가 무섭게 그분과 눈이 마주쳤다. 개나리색 옷을 입은 어머님도 오셨다. 손수 뜨개질을 하신 노란색이 화사했다. 노랑 병아리 어머님이라 불렀다. 너무 예쁜 색이라고 대화를 나누었다. 그분에게서 아이같이 순수한 영혼을 느낄 수 있었다. 그래서 젓갈을 듬뿍 추가해드렸는데, 칠칠하지 못하게 계속 흘렸다. 스킬이 부족했다.

계속 서 있어서 다리가 아팠다. 잠시 화장실에 다녀왔다. 잠이 와서 눈꺼풀이 풀렸다. 직원들은 커피를 마셨다. 나는 생강차를 마시며 자리로 왔다. 다량 구매 고객이 서비스로 깻잎 젓갈을 원하셨다. 이곳의 후한 인심에 재방문자도 많았다. 옷을 잘 입으신 멋쟁이 손님도 계셨다. 젓갈을 담는 동안 자신의 이야기를 하셨는데 왕년에 일본 고베에서 야쿠자 생활을 하셨다며 몸에 문신도 있다고 하셨다. 나는 그 이야기를 듣고 지난번 피부과에 갔을 때가 떠올랐다. 최첨단 기계 홍보와 몇 차례에 걸쳐 문신을 지우는 과정의 사진들이 생각났다. 그래서 "피부암 걸리시기 전에 당장 피부과에서 지우세요. 그러다 피부암으로 골로가유"라고 말했다. 마음을 달래주듯 간식 먹는 시간이 되었다. 오늘은 짜짜라 짜짜 짜파게티 먹는 날이다. 5시에 먹는 간식은 꿀맛이다. 마감 떨이 장사를 하고 내일을 준비했다.

아침이 밝았다. 흑산도에서 참홍어가 왔다. 사람들이 '가오리네' 하고 지나갔다. 흑산도 참홍어라고 적어달라는 요청이 들어왔다. 참홍어라고 적으면서 귀여운 캐릭터도 그렸다. 그리고 통에 물을 담아 잘 보이게 세워두었다. 며칠 뒤 2절지에 더 크고, 오동통한 홍어를 그린 형광 안내판을 완성했다. 새로운 멘트가 들렸다. "흑산도 참홍어 도매가 3만 원, 4만 원, 5만 원, 6만 원, 7만 원이요. 참홍어는 회해 먹고, 찜해서 먹고, 탕을 해서 먹고! 한 마리 잡아 가유! 배 떠나 버려유. 얼른 와유."

오늘은 생선 팀에 일하시는 여사님 휴무 날이라 생선 팀 보조를 하게 되었다. 홍어 내장을 손질 후 통에 담아 끈적한 점액을 솔로 문질러 씻는 일이다. 갈치는 무서웠는데 웃고 있는 홍어를 보니 좋았다. 배 쪽 하얀 부분을 보니 핑크, 보라, 푸른 빛이 보였다. 삼중 불꽃이 떠올랐다. 홍어 떼들과 에너지를 모아보았다. 계산대로 가서 가격별로 응대했다. 사람들이 몰려 있을 때는 "5만 원 홍어 어머니~, 4만 원 홍어 아버님~" 하며 지목했다. 홍어는 보면 볼수록 귀여웠다. 갈고리를 걸어 들어 올리면 귀여운 입술을 모은다. "사장님, 나 사 가지 마세요" 하는데 건너편에서 손님이 "저는 몇 마리 몰고 가유" 하며 입담을 과시하셨다.

몇 달 남짓의 시장 체험을 마쳤다. 타임머신을 타고 과거로 향한 것 같았다. 여러 가지 상황 속에서 잃어버린 기억도 생각나고 깨달음도 깊어졌다. 오롯이 머릿속에 일기를 써 내려갔다. 시장에서의 만난 이들과의 만남에 오랜 여운이 남았다. 71평의 대저택에서 평생 부유한 삶을 살다가 부모의 사업 실패로 새벽까지 쓰리잡 일을 하며 살아가는 청년, 40년 동안 물리치료사로 자식들 뒷바라지하셨는데, 자식들에게 짐이 되기 싫어 일을 시작한 삼촌, 갈비뼈가 부러져 입원해야 했지만, 특수부대 출신이라며 '이까짓 것' 하며 출근한 과장님,

지체 장애의 몸으로도 성실하게 매일 변함없이 맡은 일을 해내는 직원, 뇌출혈로 쓰러져 몸 한쪽에 마비가 왔음에도 이를 이겨내고 정신과 마음을 무장한 사장님, 몇십 년을 호텔 세신 일을 하다가 이곳에 와서 희생 정신 2배를 실천하시는 여사님, 그리고 간암, 자궁 경부암, 폐암, 유방암의 4개의 암을 극복한 직원에게 강인함을 배웠다. 아직도 그분의 "생리대값 안 들어 좋네! 나는 죽는다는 생각을 단 한 번도 해본 적 없어. 치료하면 되잖아. 난 살 거니까!"라는 말이 선명히 기억난다. 새로운 곳에서의 체험은 힘들기도 했지만 유익한 시간이었다. 열악한 상황에도 목표를 향해 나아가는 사람들이 너무도 멋졌다. 한동안 내 신체에 대한 두려움과 트라우마도 사라졌다. 그 자리에 더 큰 강인함이 왔다.

리사 윌리암스(Lisa Williams)의 《죽음 이후의 또 다른 삶》에 '지구별에 오기 전, 자신의 영혼이 진화해갈 과정의 일부로 이 모든 일을 스스로 계획했다는 사실을 알기를 바란다. 에고가 당신의 모든 결정과 선택에 영향을 미치기 시작하면 당신의 영적인 성장은 저해된다. 당신은 삶이 당신에게 제공하는 모든 것을 포용하고 그 가치를 느낄 수 있어야 한다'라는 문장이 있다. 그동안 이 모든 것을 계획했다는 기억을 찾기 위해 많은 시간이 걸렸다. 누군가를 원망하고 불평에 가득 차기도 했다. 그러나 이 사실을 알고 나니 내 영적인 진보를 응원하게 되었다. 멋지고 아름다운 영혼의 삶을 본받는다.

3장

신성을 회복하지 않으면 모든 애씀이 부질없다

초록을
배달하다

첫눈에 반해 이름과 나이밖에 모르면서도 한 남자를 마음에 품었다. 모든 것이 자연 속 싱그러움을 닮았다. 병원에서 처음 본 그 남자는 잘생긴 외모, 183cm의 키에, 저음의 소유자였다. 첫 만남에 강한 끌림으로 계속 생각났다. 몇 년 동안 그를 마음에 품고 보고 싶어 했다. 전화번호를 알아내, 용기를 내서 전화했다. 그런데 그는 매번 집에 없었다. 몇 년 동안 집에 없으니 '도대체 뭐 하는 사람일까?' 궁금했다. 친구들과 머리를 맞대고 고민한 후 다시 전화를 걸었다. 이번에는 아버님이 받으셨다. 할 말을 적은 종이를 보고 말했다.

"안녕하세요. 친구 미영이입니다. 집에 언제쯤 오는지 알 수 있을까요?"라고 물었다. 심장이 쿵쾅거리기 시작했다. "우리 아들이 지금 해양 경찰 준비 중에 군 복무 기간이라 가을에 휴가 나온다"라고 말씀하셨다. 아버님께서 자랑하시는 듯한 말씀 속에 궁금증이 다 풀렸다. 연예인 뺨치는 외모에 반했는데 직업까지 멋졌다. 순정 만화

속 여주인공을 지켜주는 보디가드 같았다. 2개월 뒤에 만날 수 있다는 사실에 설레었다. 주위 사람들이 상상병 그만두라고 했다. 소개팅 시켜준다는 말에도 속상했다. 하지만 만날 수 있다는 사실에 기뻤다.

휴가 날짜에 맞춰 전화했다. 이번에는 형이 받았다. 그 남자의 목소리가 아니어서 "누구세요?"라는 물으니 "형입니다"라고 했다. '내가 지금 이 질문을 왜 한 것일까?' 했다. 공중전화에서 재빨리 나왔다. 다음 날 마지막이라는 생각으로 전화를 했다. 맙소사! 그토록 기다리던 그의 목소리였다. "한번 만나볼 기회를 주시겠어요?"라고 묻자, 그는 "예"라고 짧고 굵은 목소리로 답했다.

몇 년 동안 누구인지 궁금해한 친구들에게 그의 얼굴을 보여주고 싶었다. 첫 만남이니 조심스러웠다. 그래서 몰래 보고 가는 걸로 이야기를 했다. 아웃백 패밀리 레스토랑에서 점심을 먹고 친구들과 이야기를 나누었다. 약속 시간이 다가왔다. 당시 내 머리 스타일은 뽀글뽀글 파마머리였다. 놀랄 수 있어서 모자를 쓰고 나갔다. 그는 얼굴과 목소리가 그대로였다. 내 두 눈에 하트가 박혀 있었다. 그런 내 모습을 보고 친구들은 웃음을 참으며 카페를 나섰다.

제일 먼저, 이름 콤플렉스로 친구의 이름을 말했다고 했다. 집에서는 그런 전화도 처음이었고 미영이라고 알고 있다고 말하며 웃어주었다. 짧은 휴가가 끝이 나고 군 복무를 위해 배를 타고 떠났다. 그는 영화를 좋아했다. 그에게 매월 〈씨네21〉 잡지를 보내주었다. 군 복무 중에는 바다 한가운데이기에 통화 시 천문학적인 숫자의 요금이 나온다고 했다. 편지를 주고받으며 서로를 알아갔다. 연애에 대한 부정적인 어머니를 피해서 편지를 보낼 때는 친구의 집 주소를 사용했다. 그렇게 몇 년 동안 편지로 서로를 알아갔다.

군 복무를 마치고 오빠는 한국에 왔다. 당시 서비스업 일을 하며 12시간 근무를 했다. 밖에서 에너지를 발산하고 집에서는 말없이 깊은 잠을 잤다. 자고 일어나면 어떤 일도 다 해낼 수 있는 컨디션을 유지하고 다시 밖으로 나갔다. 그 삶을 반복했다. 부산으로 온 오빠는 데이트를 하길 원했는데 나는 밖으로 나가고 싶지 않았다. 1시간이라도 더 잠을 자고 싶었다. 남들이 일할 때 쉬고, 남들이 쉴 때 일을 해야 하는 서비스직의 설움이다.

휴무 날이었다. 언니들이 강조한 "쉬는 날은 어깻죽지에 뭉친 피로를 풀기 위해 반드시 마사지를 해야 한다"라는 말을 몸소 실천했다. 워낙 긴장을 많이 하고 경직이 잘 되었다. 꿀맛같이 잠을 자고 또 자고 싶어서 데이트를 취소했다. 어느 날, 오빠는 놀이공원을 가고 싶어 했다. 하지만 나는 너무 잠이 쏟아졌다. 몇 번을 거절했지만, 오빠의 생각은 완강했다. 눈꺼풀이 무거워 반쯤 눈을 감고 갔다. 무서운 것을 싫어해서 놀이기구도 안 탔다. 오빠가 계속 손을 잡으려 해서 손에 땀이 많이 난다고 피했다. 걸어 다니는 동안 잠이 더 쏟아져서 집에 가고 싶었다. 오로지 잠 생각뿐이었다. 일찍 집에 와서 달콤한 잠을 청했다. 잠을 충분히 자고 나서야 눈이 초롱초롱해졌다.

 다음 데이트 날이 되었다. 오빠는 손을 잡고 걷는 것을 좋아한다고 했다. 나는 또다시 긴장되고 땀이 나서 싫다고 했다. '데이트도 쉬운 게 아니구나. 연애를 시작했으니 확실하게 해야겠지?' 연애 고수의 친구에게 조언을 구했다. 친구는 동화 속 생각은 버리라고 했다. 내가 주체자가 되기로 했다. 광안리 바다에서 키스하겠다고 결심했다. 뽀뽀가 아닌 키스를 선물로 주기로 했다. 종소리 듣기 도전 중이다. 결심 후 행동해야 하는데 사람들까지 많이 있으니 부끄러웠다.

 '빨리 키스를 해야 해.' 내 마음을 모르는 오빠는 빨리 선물을 달라고 재촉했다. '눈치 없는 이 남자 좀 보게' 입술을 꽉 깨물었다. 얼굴이 빨개지고 자신감을 잃어 망설임만 남았다. 시간이 흘러 울며 겨자 먹기로 하게 되었다. 공부한 바로는 종소리가 들려야 하는데 이상했다. 혀와 혀가 부딪히는 물컹한 느낌에 경직되었다. 얼굴을 겨우 들고 어떻게 집에 왔는지도 모르겠다. 데이트는 계속했다. 오빠가 커플링을 하자고 했다. 사실 남들이 하는 다 하는 커플링이 싫었다. 흔한 사랑 같이 느껴졌다. 커플로 할 수 있는 모자, 신발, 티셔츠, 가방, 시계, 목걸이 등 모든 것이 그랬다. 커플링을 받고 답답했다. 착용하니 더 숨이 막혔다. '내가 특이한 것일까?'

해운대 해변가를 걸었다. 오빠가 "노량진으로 공부를 하러 간다. 언제 올지 모르겠다"라고 말했다. 그 말을 듣고 나서 헤어지자고 했다. 며칠 뒤 커플링을 받아야겠다고 문자가 왔다. 택배로 보냈다. 그렇게 허무하게 이별했다. 남들과 반대로 일하는 서비스업 패턴과 휴무일, 무엇보다 성관계 등이 내게는 힘들었다. 주위에서 '피터팬 증후군', '인간문화재', '사리 나오겠다'라는 말로 비아냥거렸다. 자신이 없었기에 한편으론 홀가분했다. 남들과 달리 외로울 때 남자 친구 사진이 아닌, '어린 왕자'를 생각하고 책도 읽었다. 핸드폰 바탕화면에 어린 왕자 그림을 저장하고 오랫동안 보았다.

그렇게 몇 년의 시간이 흘렀다. 헤어지고 몇 년이 지났는데, 낯선 번호로 전화가 오더니 느닷없이 "당신의 팬입니다"라고 말했다. 의아해하며 '번호를 바꿔야 하나?' 생각했다. 그리고 며칠 후 오빠에게 문자가 왔다. 잘 지내고 있냐는 안부였다. 난 아무렇지 않게 '다음에 만나면 내가 밥 살게'라는 답장을 남겼다. 그 뒤 전화가 왔다. 나와 헤어지고 나서 노량진에 갔지만 나를 잊지 못했다고 했다. 그 스트레스로 계속 폭식했고 체중이 증가해서 실기 시험을 칠 수 없었다고 했다. 나를 만나기 위해 운동을 해서 이런 모습이 되었다고 했다. 순간 '내가 뭐라고 한 사람의 인생을 망쳐버렸나' 하고 자책하게 되었다. 그렇게 재회를 했다. 일하는 곳에 찾아와주는 오빠에게 마음이 열렸다.

오빠는 시험에 합격해서 해양 경찰이 되었다. 나는 만학도 생활에 충실했다. 오빠와 데이트도 그랬다. 오빠는 내가 말하는 건 무조건 'YES맨'처럼 다 맞춰주었다. 하지만 화가 나 보였기에 있는 그대로 의견을 말하라고 했다. 오빠는 '오래가는 커플들 조언이 무조건 여성에게 맞추는 것'이라고 말했다. 나는 진심이 아니라고 자주 느껴졌다. 솔직하게 하고 싶은 말을 하라고 더 화를 냈다.

오빠는 내가 교직원 자격증을 가지고 임용고시를 보길 원했다. 하지만 조직 세계를 떠올리는 순간 숨이 막혔다. 오빠는 체계적, 안정감, 논리적, 현실적인 성향이었다. 나는 즉흥적, 도전적, 감성적, 보람된 꿈을 지향했다. 정반대의 성향이었고 목표가 달랐다. 오빠는 더 현실적인 사람으로 변했고, 나는 일을 하면서도 마음이 시키는 따뜻하고 의미 있는 무언가를 찾았다. 돈보다는 사람들 마음을 이해하고 따뜻한 위로와 행복을 주고 싶었다.

그 시절, 하고 싶고 배우고 싶은 게 참 많았다. 심리 교수님과 상담도 하고, 연기 교수님께는 사람들을 구출하는 의미 있는 공연을 한다는 꿈도 전했다. 분장 기술 교수님께 조언도 들으며 하루가 짧을 정도로 바쁘게 지냈다. 그리고 사이비 종교 탈출을 위한 논문도 계획 중에 있었다. 적을 잡기 위해 적과의 동침을 하면서 말이다. 오빠는 점점 힘들어했다. 나라도 그랬을 것 같다. 때때로 내 자신도 왜 이 일을 하는지 의문이 들었고, 무언가로 계속 싸우고 이기려고 했다. 현실적인 삶을 살지 못했다. 지나고 나니 내 삶이 너무 이기적이었다. 뭔가 설명할 수 없지만, 정의의 이름으로 누군가와 싸우고 있었다. 〈세일러문〉 대사처럼 '정의의 이름으로 널 용서하지 않겠다!'를 반복했다.

사람들은 특이하다고 했다. 그동안 멀티플레이 게임 같은 시간을 보냈다. 체력이 방전되었다. 평범한 가족 품에서 자란 오빠는 절대 이해하지 못할 거라는 생각이 컸다. 그래서 나 혼자 해결하려고 했다. 내 마음 안에 오빠가 들어갈 자리가 없었다. 부산을 떠나면서 자연스레 이별이 아닌 이별을 하게 되었다. 오빠는 더 바쁘고 힘든 부서로 발령이 났다. 그렇게 각자의 공간에서 바쁘게 살았다. 연락도 뜸했다.

어느 날, 오빠는 헤어지자고 했다. 이번에는 내가 거절했다. 지금껏 아픈 가정사와 열등감과 책임감, 그리고 무모한 도전을 했던 인생에 회의를 느꼈다. 이제야 누군가에게 말할 용기를 냈다. 나는 힘들 때 정작 힘들다고 말하지 못했다. 그 일이 해결될 때까지 최대한 말을 아끼는 편이다. 그러면 상대방은 옆에 있는 존재가 아무것도 아니게 느꼈다. 오빠의 마음은 굳게 닫혔다. 그리고 무겁게 말을 했다. "우리가 안 지 몇 년인 줄 아니? 그런데 우리가 만나 데이트를 한 건 1년도 안 된다. 서른 살 때 너와 결혼하고 싶었어. 그런데 미래에 대해 아무것도 한 게 없더라. 그 어떤 것도 말이야. 너는 나를 사랑하지 않아"라고 했다.

그때 삶에 대한 회의와 우울감이 극에 다다르고 있었다. 오빠는 다른 사람들 말고 우리 둘 삶을 강조했다. 처음으로 마음을 열고 용기를 냈다. 시간과 마음이 계속 어긋났다. 이제 내 옆에는 가족도, 친구도, 그 어떤 사람도 없었다. 오빠에게 매달리며 슬픔을 토해냈다. 그 이후 오빠는 더 바빠졌다. 한 달에 한 번꼴로 만나다가 다시 이별을 이야기했다. 그러다 꿈을 꾸었는데 오빠가 결혼하는 꿈이었다. 확인 차 문자와 전화를 했는데 별일 아닌 것처럼 이야기했다. 이상한 느낌이 와서 확인하러 갔다. '설마 그런 것을 말 안 하겠어?' 하고 생각하며 근무처에 방문했다. 오빠는 결혼반지를 끼고 있었다. 너무 큰 충격을 받았다. 보고도 믿기지 않았다. 아무리 생각하고 또 생각해도 그 사실을 부정하게 되었다.

현실 부정이 심했다. 오빠에게 결혼식 사진을 보내달라고 했다. 결혼 사진을 보자마자 오열했다. 슬픔이 극에 달했고, 배신감이 온몸 구석구석 세포를 쑤셨다. 검붉고 차디찬 바닷속으로 끌려들어 갔다. 눈물이 멈추지 않았다. 울고 또 울며 그렇게 방 안에서 몇 년 동안 울었다. 이런 눈물도 싫다. 사랑이 빨리 변한 그가 말과 행동이 다른 위선자 같았다. 시간이 지나면서 진실된 사랑을 못 한 사실을 믿기 힘들었다. 그 모든 시간을 다 지워버리고 싶었다. 기억상실증에 걸리고 싶었다.

시간이 약이라고 했던가? 상처의 아픔은 시간이 해결해주었다. 시간이 지날수록, 많은 남자들을 만날수록 오빠에 대한 나쁜 감정보다는 좋은 감정이 떠올랐다. 오빠가 내게 한 말은 다 옳았다. 오빠가 간절히 원했던 결혼을 생각해본 적이 없었다. 누구보다 이기적인 것은 나 자신이었다. 배신감이 아물고 이해할 수 있는 마음도 생겼다.

사람들에게는 저마다 자신이 새각하는 사랑을 표현하는 색깔이 있다. 내게 있어서 사랑의 시작은 초록색이다. 아오리 사과의 연둣빛을 연상하게 한다. 자연의 있는 그대로의 초록이다. 오빠와 나의 서툰 사랑, 처음의 순수한 마음을 대변하는 것 같다.

신천지에 빠진
부모님들을 구하라

　신천지 예수교 증거 장막성전은 12지파로 이루어져 있다. 서울 야고보, 시몬, 마태, 바돌로매, 경기도 요한, 충청남도 맛디아, 전라북도 도마, 전라남도 베드로, 강원도 빌립, 경상북도 다대오, 부산의 안드레와 야고보이다. 나는 광안리에 있는 안드레 지파를 2년 다녔다. 신천지의 새 하늘 새 땅, 뜻은 정말 좋은데 온 종교와 국민의 질타를 받는 곳이다. 모두가 사이비다, 이단이라며 손가락질하는 곳이다. 피할 수만 있다면 그게 최선이겠지만, 내 가족이 그곳에 있었기에 차선의 방법으로 구출하고 싶었다. 무모한 도전이더라도 그만큼 간절했다.

　부모님의 부부싸움은 여전했다. 밖에서 술고래님의 노랫소리가 들렸다. 문 앞에서 더 큰소리를 내는 듯했다. 밤새 전쟁의 조짐이 느꼈다. '오늘 잠은 다 잤다. 귀마개가 어디 갔지?' 서랍 안에 넣어둔 귀마개를 찾는 중에 듣기 싫은 싸움 소리가 또 들렸다.

아버지 : 이 여편네야, 밥 처먹고 할 일이 없어서 할배한테 빠졌드나? 이런 쳐 죽일 새끼!
어머니 : 사이비가 아이고 새 하늘! 새 땅! 할배가 아니고 세상을 이긴 자라니까.
아버지 : 니 뭐라꼬! 뭐~라~꼬! 뭐라 캤노! 새 하늘 새 땅! 이런 망할 개코 나발 같은 소리 하고 앉았네. 답답다, 하이고야, 이 미친 여편네. 정신 안 차리나? 세뇌가 다 되었는기라.

두 분의 반복되는 일방통행 대화는 계속 원점이었다. 며칠 뒤, 아버지께서 술을 드시고 오셔서 "너희 엄마 사이비에 세뇌된 거 알제? 이제 답도 없다" 하시면서 내 앞에서 우셨다. 마음이 미어지도록 아팠다. 아버지의 눈물을 보게 되다니…. 아버지가 많이 약해 보였다. 아버지와 어머니를 지켜드리고 싶었다. 가족의 불행 원인이 이단 종교라 생각했다. '이대로는 안돼! 뭐라도 해야 해.' 어머니는 수차례 나를 신천지로 들여보내기 위해 감언이설로 꾀었다. 계속 누군가 소개하려고 했다. 알고도 모른 척할 때도 많았다. 사회생활을 하지 않은 어머니는 아는 게 없으셔서 항상 신경이 쓰였다. 모든 게 어설프게 보였다. 정의의 이름으로 그 사이비 종교 단체를 응징하고 싶었다. 그 당시 내 삶은 당당했고, 도전의 연속이었다.

당시 만학도 생활을 하고 있었다. 손에 많은 일을 쥐고 있었다. 하지만 어머니라는 마음의 가시가 별처럼 박혀 있었다. 친오빠는 결혼을 앞두고 있었다. 새언니가 모태 신앙이라는 말을 듣게 되었다. 오빠, 새언니에게 엄마를 같이 구출하자는 말을 했다. 개인적으로 만남을 가지고 속마음을 이야기하는 과정에서 새언니는 신천지 자체에 겁을 먹고 나를 부담스러워했다. 돌이켜보니 결혼도 하기 전에 어머니를 구출하기 위해 종교단체에 스파이로 들어간다는 이야기가 황당했을 것이다.

한 교회의 목사님과 뜻하지 않은 만남을 가졌다. 그는 나를 향해 "네 어머니가 신천지라고? 너도 신천지냐?"라며 매섭게 쏘아붙였다. 확고한 신념을 가지고 어머니를 구출하고 싶습니다. 주변의 이단에 빠진 지인들도 구출해야 한다고 말했다. 목사님 왼쪽 눈에 편견, 오른쪽 눈에 불신이 느껴졌다. 나를 몰래 잠입한 신천지 포교자로 의심하고 경계했다. 아니, 신천지인이라고 보고 막 대하셨다. 순간, "부처님, 예수님을 떠올리며 그분들이 이 땅에 계셨다면 사랑으로 다가가서 평화를 완성했을 거예요. 예수님이 계셨다면 이러지 않았을 거예요!"하며 울분을 쏟았다.

그러다 얼마 후, 친척 결혼식에 갔다. 어머니와 함께 있는 곳은 어린 시절부터 불편함이 컸다. 그래서 혼자서 이곳저곳을 돌아다녔다. 그러다 휴식 공간처럼 보이는 방에 들어갔다. 그러다 10여 명의 교회에 다니는 친척분들이 나를 반원으로 둘러싸고 질책하셨다. "네 엄마, 신천지 다니냐?" 여러 명의 양의 탈을 쓴 이리떼 같았다.

나를 잡아먹을 것 같은 눈빛이었다. 순간 몸으로 심한 거부감을 느꼈다. 애써 침착하게 입을 열었다.

"네, 저희 엄마 신천지예요. 그런데 주위의 목사, 신부, 그 어떤 누구도 저를 도와주지 않았어요. 지금 이 자리에도 없잖아요. 전 어머니와 많은 사람들을 이단 종교에서 꼭 구할 거예요!"라고 소리쳤다. 침묵 속에 다수와 견제하듯 눈싸움을 했다. 한동안 "네 엄마 신천지다"라는 주홍글씨가 새겨졌다.

신천지 전도 과정은 사람을 사귀고 친밀감을 유지하며 만나기, 성경 공부를 위한 약속 잡기인 섭외, 이후 복음방에서 한 주 2~4회 공부하기를 최소 8~12회 진행, 6~7개월 정도의 과정으로 복음방 공부를 마친 단체 센터는 신천지 교리 수료 후 신천지 교회로 입교한다. 나는 복음 방에서 공부했다. 사람들이 내 옆에 오지 못하게 차가움으로 경계선을 쳤다. 이후 센터로 들어왔다. 신천지 전도사, 강사, 신도들이 나를 둘러쌌다. 내 일부 정보를 듣고 다 아는 듯 다가왔다. 전도사와 나이와 신분을 끼워 맞춘 잎사귀(수료를 돕기 위한 사람)에게 "이 말이 진짜인지 가짜인지 교리를 듣고 잘못된 부분이 있다면 법적 조치를 할 겁니다. 친구 아버님 변호사입니다. 제 개인 시간에 간섭하시는 것은 거절합니다"라는 의견도 전했다.

센터 사무실에서 신천지의 교리가 본격적으로 시작되었다. '주변 사람에게 비밀로 한다. 인터넷을 보면 안 된다' 등의 주의 사항도 재차 들었다. "태초에 말씀이 계시니라" 교회에서 한 번도 듣지 못한 성경 내용은 신세계였다. "말씀이 하나님과 함께 있었으니 말씀이 곧 하나님이시리라" 강사의 비유 풀이가 시작되었다. 센터에서 제일 핵심 내용인 배도, 멸망, 구원자의 실제 인물도 배웠다. 현재 예수님 주재림 때는 하늘 장막 선민, 청지기 교육원의 목자들, 이긴 자(이만희) 순서로 나열했다. 이만희가 재림 예수님인 것을 믿어야 하는 것이다. 그 당시 배도자 이름이 거론된 곳을 꼼꼼히 적었다. 그 장소에 가봐야지 생각했다. 그런데 벼락 맞아 죽는 등 다 죽었다. '그곳에 가서 어떻게 조사해야 할까?' 확실한 증거가 필요하다고 생각했다.

한 해가 지날 무렵, 만학도 생활에 교생 실습, 과제, 논문, 공연, 서툰 연애, 사이비 구출 작전까지 몸이 열 개라도 모자랐다. 밤새도록 밀린 과제를 했다. 하루 3~4시간 잤기에 몸도 마음도 점점 지쳐갔다. 방향성을 잃고 있었다. '내가 지금 잘하고 있나?' 의문의 구름이 잔뜩 끼었다.

두 가지 소리가 충돌했다. '이만희가 진짜일 수 있잖아', '구출이 아니고 진리의 길일지 몰라. 만약에 신천지가 진짜면 어떻게 하려고 그래?' 왔다 갔다 하는 두 목소리를 듣기도 지쳤다. 몸의 에너지가 사라지는 듯했다. 충전할 시간이 없다. 성경 내용에 재림예수님 이름이 기재되지도 않은데 믿어야 할 기준은 무엇일까? 그곳에 적응해서 성경 공부도 열심히 하고 시험도 치고 수료도 했다. 전국적으로 수료하는 사람들이 너무 많았다.

전국 12지파들이 참석하는 체육대회 날이다. 부모님을 구출하겠다고 온 사람들을 많이 만났다. 서울의 방송인, 대전의 영어 강사, 청주에서 온 회사원 등 다양한 직업의 사람들을 만났다. 첫 대면의 질문은 "어떻게 여기까지 오셨어요?"였다. 아버지가 아시기 전에 어머니를 구출하기 위해, 가출한 동생을 설득하기 위해, 아내를 데려가기 위해, 부모님을 원래 교회로 모셔가기 위해 등의 다양한 사연이 있었다. 그동안 종교로 인해 가족 간 불화가 심각했고, 피 터지게 싸워도 해결되지 않았다고 했다. 그래서 결국 이곳까지 들어왔다는 것이다. 8.15 광복 공연을 위해 전국 지파 중 예체능 전공자들이 모였다. 나에게는 아나운서 역할이 주어졌다. 언니, 오빠들과 이야기를 나누며 마음이 무거워졌다. 지친 마음에 무게를 더했다. '이런 공연을 하려고 만학도 생활한 게 아닌데…' 하는 생각에 집중이 되지 않았다. 빨리 벗어나고 싶었다.

몇천 명의 사람이 보였다. 속이 울렁거리고 자꾸 힘이 빠졌다. 외부 공연이 시작되어 리허설을 했다. 많은 이들에게 전달되도록 큰 소리로 대사를 했다. "네, 이곳은 지금 수천 명의 사람이 모여 있습니다." 앗! 바로 앞자리에 이만희 총회장과 여러 지파장이 보였다. 순간 이만희와 눈이 마주쳤다. 온몸에 소름이 끼쳤다. '이 눈빛이 예수님이라고? 이긴 자? 당신, 진짜 누구야? 아니지?', '하나님, 이자가 예수님입니까? 저는 지금 무엇을 하고 있습니까?' 답답한 마음에 숨을 쉴 수가 없었다. 몇 달 뒤, 행사를 끝내고 서울에 있는 언니와 통화를 했다. "어머니 구출하려다가 우리가 죽을지 몰라. 빨리 여기를 박차고 나가야 해"라고 했다. 언니도 이만희, 김남희 등의 비리를 이야기하며 이제 그만하자고 했다. "가족들 구출하려다가 우리가 먼저 예수님 보겠어. 전국의 신천지에 빠진 가족을 버리고라도 산 사람은 빨리 탈출하자. 사기꾼들을 상대하지 말아야 했어"라고 했다. 숨막힘이 심해져 몇 번이고 가슴을 쓸어내렸다.

이제 이곳을 나가야 해. 법적 조치를 해야 할 때야. 30분도 채 안 되어 신천지 사람들에게 문자와 전화가 오기 시작했다. 차단했다. 그런데 큰일이다. 나로 인해 신천지 공부를 한 후배가 나오지를 않는다. 이 사실을 안 남자친구가 입을 열었다. "어머니가 신천지에 빠졌다고 다 너처럼 그곳에 들어가지 않아. 후배 어머니가 아시면 널 가만히 놔두지 않겠지." 생각지도 못한 변수로 모든 것이 무너졌다. 지난 몇 년의 시간을 자책했다.

대중매체 수업에서 존 레논(John Lennon)의 〈Imagine〉이라는 곡을 과제로 들었다.

'천국이 없다고 상상해보세요. 시도해보면 쉬울 거예요. 우리 아래엔 지옥이 없고, 우리 위엔 오직 하늘만이 있어요. 상상해보세요. 세상 모든 사람들이 오늘을 위해 살아가는 모습을요. 당신이 할 수 있

을지 궁금해요. 욕심부릴 필요도, 굶주릴 필요도 없어요. 인류애만이 가득하죠.'

이 노래 가사를 들으면서 홍길동을 떠올렸다. 김길동이 되고 싶었다. 이유는 단 하나였다. 이 세상 종교의 아픔에서 가족도, 주변 사람들도 탈출시키고 싶었다. 사람을 상대하고 정의를 추구하는 마음에 자신이 있었기 때문이다. 그런데 그 과정에서 신천지라고 이단이라고 주목하는 것 자체가 우스웠다. 불교, 유교, 기독교, 이슬람교, 몰몬교, 힌두교 등의 종교 자체가 부패했기 때문이다. 이만희를 비롯한 사기꾼 종교 지도자들을 반박할 그 어떤 것도 없었다. 종교에 대한 날 선 검이 나를 향했다.

이별 후 아픔의
총량 법칙 7년

누구의 잘못인지 모르겠다. 불운일까? 천운일까? 내 삶에 의문을 던졌다. 꿈에서 본 남자친구의 결혼식은 현실 속 고통이 되었다. 생각을 떨쳐야 하는데 방법을 모르겠다. 함께한 시간을 송두리째 가져갔다. 나의 독특한 생각과 이기심을 그때는 몰랐다.

한동안 남자친구가 몰래 결혼했다는 배신감에 휩싸여 있었다. 7년간 내가 알고 지냈던 오빠가 아니었다. 그때는 모든 것을 상대방 탓으로 돌렸다. 떨쳐내려 하면 할수록 잔인한 장면이 계속 떠올랐다. 내 마음이 용암처럼 들끓고 있었다. 사랑의 또 다른 얼굴인 분노가 계속 찾아왔다. 사랑과 분노 사이에 감정이 뒤섞여 순식간에 흙탕물이 된다. 악한 마음이 계속 자극되었다. 분노를 식히기 위해 문을 열면 배신이 보였고, 주체할 수 없어 다른 문을 열면 증오가 기다리고 있다. 뭐가 이토록 나를 괴롭게 하는 걸까? '이 세상의 사랑은 어차피 내 스타일이 아니었고, 아니면 그만이잖아'라고 했다.

남자친구가 내게 했던 마지막 가시 같은 말이 마음을 들쑤셨다. "7년 동안 우리가 한 게 아무것도 없다. 그동안 나 혼자 놔두고 무슨 집중을 그렇게 했는데? 나 내팽개치고 다른 사람 만났나? 날 사랑한 적 없었잖아?"라고 했다. 그 말에 나는 지지 않고 "그럼 나도 7년간 고통스러우면 되겠네. 알겠다" 하고 세상 뒤끝 없는 듯 답했다. 사랑에 있어서 너무도 미성숙했다. 유난히 이성에게 배려가 부족했다. 자다가도 새벽에 벌떡 일어났다. "그렇다고 어떻게 아무 말 없이 결혼해! 동방예의지국에서 그건 아니지. 야! 이 나쁜 놈아, 잘 먹고 잘 살아라." 베개에 눈물이 흘렀다. 울음을 그치고 다시 일어났다. "나도 결혼한다. 마음먹으면 하는 거지. 내가 못 할 줄 알고 쳇!" 그러다가 다시 밤새 울었다. 그칠 법도 한데 몇 달째 계속 눈물 수도꼭지가 잠기지 않았다.

'나도 1년 안에 결혼할 것이다!' 마음을 추스르고 곧바로 서점에 갔다. 연애 관련 책을 읽었다. 그리고 연애 동호회도 가입했다. 연애 잘하는 법에 대해 많은 조언을 구했다. 객관적으로 알고 싶어 주위 사람들에게 20대 시절의 내 연애 행동에 대해 이야기하며, 사실 그대로 말해달라고 했다. 답변은 충격적이었다. "남자 친구 없는데 있다고 우기는 것 같았다", "남자 친구 없었죠?" 등의 말은 들을수록 기가 막혔다. 거울을 보니 한심한 여자가 보인다. 잘못한 일들이 한국의 만리장성을 만드는 것 같다. 그렇게 몇 년을 이론도 공부하고 조언을 구했다. 주위에서 연애를 이론으로 공부하냐고 웃었다. 하지만 나는 누구보다도 진지했다. 또다시 말을 아꼈다. 2년 이론을 습득했으니 이젠 실전에 시간을 투자해야 한다.

처음에는 앱에서 만나는 모든 남자들과 채팅을 나누었다. 채팅하다가 만나면 미친 듯이 싸웠다. 상대할 가치도 없는 이들에게 화내기 바빴다. 괜한 트집을 잡으며 내 마음에 고춧가루를 뿌려댔다. 더 따갑고 쓰라렸다. 내 안에 쓰레기 같은 마음이 차서 초파리, 똥파리 류들이 온 것이다. 그다음은 주위 모든 사람에게 "나는 결혼하고 싶다"라고 진지하게 말했다. 그랬더니 꽤 많은 소개팅이 들어왔다. 그때 내 나이가 30대 중반이었다. 그때부터 시작이었다. 그런데 한다고 한 뒤 막상 나가려니 쉽지 않았다. 말해놓고 소개팅 자리에 가기까지 꽤 오랜 시간이 걸렸다. 쉽지 않았다. 생각과 마음은 따로였고, 불안만 자꾸 밀려왔다. 끝없이 몰려오는 남자에 대한 나쁜 생각들로 숨이 막혔다.

어느 날, 사회에서 만난 분이 이혼남을 소개시켜주겠다고 했다. 자존감이 바닥을 치고 있었기에 이혼남과 만남을 가졌다. 첫인상은 눈이 크고 팔다리가 긴 외계인 같았다. 만난 지 얼마 되지 않아 결혼 이야기가 나와서 그러자고 했다. '나도 빨리 결혼할 수 있다' 부모님께 결혼 이야기를 하고 상견례를 했다. 그 남자의 아버지는 신문에도 실린 적이 있으신 재력가셨다. 어머니는 한 성격 하시게 생기셨다. 여동생은 모델처럼 예뻤다.

공무원인 아는 동생을 만났다. 남자 친구와 10년 정도 사귀다 헤어진 경험이 있는 그녀는 내게 마음으로 조언했다. "언니, 그때 나는 근무할 때도 울고, 내 마음을 제대로 컨트롤하지 못했어. 오랫동안 잊지 못해서 만나지 말아야 할 비정상적인 남자도 만났어. 그 고통에 다시 아파하길 반복했고. 내 자존감이 바닥을 쳤었어. 떨어진 자존감으로 만나서는 안 될 남자를 만나지 마. 언니는 소중한 사람이야. 제발 정신 차려"라고 내 어깨를 잡고 몸을 흔들었다. 그 후, 한 달 만에 결혼하려는 것은 없었던 일이 되었다.

이번에는 책의 힘이 아닌, 경험자의 도움을 받았다. 나의 연애관과 지금 상태를 보며 진단을 내려주었다. 지금 필요한 것은 에로스적 사랑을 마음껏 해야 한다는 것이었다. 내 몸을 향해 썩어 문드러진 몸을 마음껏 쓰라는 말을 덧붙였다. 결혼 후에 성적인 팜므파탈을 펼치려고 했는데 앞당겨졌다. 친분 있는 강사들의 도움으로 화려한 속옷도 준비했다. 소개팅남과 포장마차 데이트를 했다. 그리고 노래방에 가자 남자는 같이 있고 싶다는 말을 했다. 주위 사람들 조언처럼 남자가 리드하는 대로 쓰러지기로 결심했다. 호텔에 갔다. '그래, 온몸을 맡겨보자. 불타는 육체적 사랑을 해보자'라는 생각을 하며 입구에 들어섰다. 그 남자는 반인반마(半人半馬)처럼 생겼다. 키가 정말 크고 야생의 날 것의 말투였는데 신체 또한 그러했다. 다짜고짜 "사랑해. 사랑해" 하며 입술을 내밀며 내게 다가왔다. 그러고선 나를 침대에 눕혔다. 나는 순간의 괴력으로 그 사람을 내동댕이쳤다. "손

대면 가만 안 둔다!"라고 하며 뛰쳐나왔다. 친구에게 전화해서 자초지종을 말하니, 남자의 본능 앞에 같이 가겠다고 결심해놓고 뛰쳐나왔다며, "미쳤어!"라고 말했다.

그 다음은 전포 카페 거리에 위치한 홍차 카페를 운영하는 친구네 부부로 정했다. 성당에서 맺어진 커플로, 초등학생 아이를 둔 학부모이다. 연애 선배이자 상투를 튼 어른으로 객관적으로 관찰해달라고 했다. 일을 마치고 이 카페에 소개팅남과 방문할 때 아는 척하지 않는 게 좋을 것 같았다. 그래서 카페 사장님과 고객으로 대해달라고 했다. 일주일에 4번 새로운 남자와 소개팅 계획이 시작되었다.

월요일 소개팅이 시작되었다. 남자는 부모님 덕에 건물 임대료를 관리하고 있었다. 대화 중에 실없이 웃었다. 대화 속에서 전 여자 친구 이야기를 계속했다. 아마도 전 여자 친구를 못 잊은 듯했다. 홍차 샘플 시음 후 웨딩 임페리얼을 주문했다. 차를 마시는 동안 전 여자 친구와 나를 비교하는 이야기에 불쾌했다. 딸기 생크림 케이크를 추가했다. 케이크가 나와도 혼자서 웃으며 끝없이 이야기했다. 너무 지루했다. 케이크도 먹지 않고 일어났다. 30분이 300년 같았다.

화요일 소개팅은 편의점을 운행하는 연애 모태 솔로였다. 스스로 원빈을 닮았다고 하는데 도대체 어디가 어떻게 닮았는지 모르겠다. 앉자마자 다짜고짜 "너 얼마면 되니?" 하고 드라마 속 원빈의 성대모사를 했다. 멍하니 바라보았다. 독특한 이름의 시즌 티인 뮤직콘서트를 주문했다. 앉아 있는 공간에 냉기가 흘렀다. 내게 좋아하는 것을 물어본다. 동물이라고 답했다. 이번에 내 차례다. "5년 뒤 꿈이 있어요?"라는 내 질문에 그는 그런 건 모르겠다고 했다. 꿈이 없는 사람을 떠나 빨리 자리에서 벗어났다.

수요일 소개팅에는 부동산 공인중개사 사무소를 운영하는 재력가가 나왔다. 금목걸이와 명품 브랜드 시계를 차고 왔다. 시계는 명품인데 주인은 짝퉁 같았다. 말끝마다 '엄마', '엄마', '엄마' 하며 엄마 이야기가 끊이질 않았다. 마마보이였다. 이 남자의 미래도 온통 엄마인 세상이 보였다. 주문하기 싫었다. 파인애플 루이보스를 시켰다. 하지만 마시지도 않고 일어났다.

목요일 소개팅 주인공은 수학 교사다. 나를 취조하듯 질문 세례를 했다. 벚꽃엔딩을 마시면서도 눈이 감겼다. 피곤함을 이길 수 없어 치즈와 쿠키 케이크를 시켰다. 쉬는 날에는 무엇을 하는지, 몇 시에 잠을 자는지, 친구들과 무엇을 하는지, 가족과 화목한지 등 쉼 없이 질문했다. 마치 선생님과 학생 관계 같았다. 직업 정신이 고스란히 느껴졌다. 수학공식의 틀처럼 자신의 인생을 가두는 사람이었다.

금요일 소개팅은 대전에 사는 공기업에 다니는 남자였다. 자신의 잘남을 알고 모든 것이 자신을 위주로 돌아가는 삶을 살고 있었다.

많은 이야기를 쏟아냈지만, 그의 미래에 관한 이야기가 공감이 안 되었다. 빨리 쉬고 싶다는 마음으로 가득 찼다. 그렇게 오랫동안 소개팅을 계속했다. 될 때까지 했다.

《상대에게 집착하지 않는 심리 레시피 - 연애 심리학》에 이런 내용이 있다. "행복한 홀로서기는 독립적으로 살아가라고 해서 무조건 다른 사람들을 내친 채 자신만을 생각하라는 말이 아니다. 홀로서기란 자신을 존중하고, 자기의 능력과 한계, 장단점, 자기의 위치와 타인의 위치, 자신이 기쁨을 누릴 권리와 고통과 공허감을 맛볼 의무가 있는 존재임을 알아가는 일이다."

처음 소개팅을 시작할 때 내 심장에 박힌 가시는 선인장의 모습을 하고 있었다. 오빠와의 마지막 대화에서 7년 동안 아무것도 한 게 없다는 말에 집착했다. 소개팅과 선 자리를 나간 지 7년이 지나갔다. 그 말을 실행한 것도 있었지만, 왜 그렇게까지 아파하면서 그런 시간을 보냈는지도 알 것 같았다. 어린 시절 환경의 영향으로 사랑에 불신과 트라우마가 있었다. 주변의 많은 연애 경험자들의 진심 어린 조언들도 내 생각의 틀을 바꾸었다. 20대 때 남들이 울고불고 연애할 때 그 시간이 시간 낭비라고 생각했다. 때가 되면 마음먹고, 바로 결혼할 줄 알았다. 모든 것에 정답이 정해진 것은 아니지만 사랑과 결혼은 내게 숙제로 남아 있다.

예수님은
외계인

　제일 의지했던 예수님. 그런데 이제는 예.수.님.이라는 글자에 공황장애가 왔다. 대한민국 모임의 시작, 네이버를 뒤적거리고 있다. 공황장애 치료 홍보글이 보였다. '공황장애를 극복하려면 이 3가지는 꼭 기억하세요'라는 제목이 보인다. 리아 한의원 김찬 원장님이 쓴 글이다. '예전에 겪었던 끔찍한 증세였지' 하며 글을 읽어 내려갔다. 공황장애의 정의가 보였다. 공황장애는 갑작스럽게 발생하는 극심한 불안과 공포를 동반하는 정신건강 문제다. 이 상태는 일반적으로 공황 발작이라고 불리는 강렬한 신체적 및 정서적 증상과 함께 나타난다. 공황발작은 대개 몇 분에서 길게는 1시간 정도 지속되며, 환자는 종종 숨이 막히는 듯한 느낌이 들고 심장이 뛰고 땀을 많이 흘리거나 떨림 또는 현기증과 같은 증상을 경험한다. 이러한 증상들은 갑자기 시작되며, 예측이나 특정한 원인 없이 발생하는 경우가 많다. 또한 약물이나 물질 등 다른 원인이 없이 발생한다.

글을 읽으며 묵혀둔 지난 기억이 후라이팬에 달궈진 기름처럼 튀어 올랐다. 병원은 가지 않았지만, 말로만 듣던 공황장애인 것을 알았다. 어린 시절, 집과 학교, 교회에서 공황장애 증상들을 체험했다. 그래서였을까? 아무도 도와줄 수 없다는 것을 알았다. 긴 어둠의 터널 속을 얼른 지나가길 바랄 뿐이었다. 그날도 그랬다. 거리 한복판에서 예상치도 못했던 공포감에 휩싸여 뒷걸음질쳤다. 깊이 파인 감정의 상처였다.

집에서 흐르는 눈물이 싫어서 답답한 마음에 집 밖을 나왔다. 목적지도 없이 무작정 걷다가 NC백화점 쪽을 향했다. 조금씩 어지럼증이 있었다. 사람들이 보이기 시작했다. 식은땀을 동반해 몸이 부들부들 떨렸다. '내가 또 왜 이러지.' 갑자기 많은 사람들이 횡단보도를 향해 모여들었다. 수군거리며 나를 욕하는 것 같았다. 환각 증상이 적나라하게 내 아픔을 뚫었다. 무방비 상태에서 환청과 환시 증세가 동반되었다. 사람들 얼굴을 돋보기로 확대한 것 같았다. 커플, 학생들, 회사원, 청소부 등의 얼굴을 자세히 볼 수도 없었다. 어린 시절보다 더 큰 환청이 나를 향해 적나라하게 비웃었다. 또 시작되었나 보다. 교회와 학교에서 한 차례 경험한 것이 생각났다. '왜 나에게만 이런 일이 생기는 걸까?' 하고 생각했다. 숨을 쉴 수 없어 길거리 한복판에 주저앉았다. 크게 호흡했다. '빨리 이곳을 빠져나가야 해. 사람이 아무도 없는 곳으로 가자' 하며 택시를 타고 집으로 왔다. 정신이 혼미해졌다. 태풍이 오기 전, 나뭇가지들이 떨리듯 내 마음도 그랬다. 보이지 않은 무언가의 힘은 실체를 알 수 없었다. 그저 공포로 에워싸고 있을 뿐이다.

집에 와서 풀린 다리를 펴고 누워 있었다. 방 안의 불을 껐다. 낮인데도 어둠은 무서웠다. 밝은 빛을 볼 수 없었다. 수치스러운 기억이 나를 괴롭혔다. 상처와 함께 고름이 나는 아픔이 영화 스크린처럼 펼쳐졌다. 남자 친구가 술에 취해 전화가 왔다. 부모님께서 신천지, 이단, 교회, 성당을 싫어하신다고 했다. 우리의 결혼을 허락하지 않는다고 했다. '우리가 결혼과 미래에 대해 말한 적이 있었나? 내가 회피했던 거였나?' 이게 무슨 감정인지 정확히 몰랐다. 확실한 것은 나로 인해 상대방을 힘들게 했다는 사실이었다.

종교 문제로 다른 사람에게 피해를 주게 되는 것이 더 이상 참을 수 없었다. 남자 친구의 집에 처음으로 찾아가게 되었다. 어머님은 아파트 입구에서 부동산 공인중개사 사무소를 운영하셨다. 처음 뵈었지만 굉장히 쾌활하신 분이셨다. 중개사무소에 손님이 계셔 아버님을 먼저 뵙기로 했다. 남자 친구네 아파트는 등산코스 같았다. 집을 찾으면서 '나도 평범한 어머니가 옆에 계셨으면 어땠을까? 왜 부모를 선택할 수 없을까?' 하고 생각했다. 심호흡하고 벨을 눌렀다. 아버님은 혼자 계셨다. "안녕하세요. 몇 년 전 이름 콤플렉스로 미영이라고 소개했던 사람입니다" 하고 인사했다. 아버님은 의아해하시며 "우리 아들과는 어떤 사이인가요?"라고 질문하셨다. "만나고 있는 사람입니다"라고 답했다. 거실로 들어갔다. 말을 이어갔다. "아버님, 죄송합니다. 오빠가 저 때문에 종교로 인한 상처를 받았습니다" 하고 그 자리에서 무릎을 꿇었다. "저희 어머니는 나쁜 사람이 아닙니다. 일본에 계신 아버지를 대신해 고생하시며 저희 남매를 기르셨는데 현재는 잠시 미혹되어 그 종교에 있습니다" 하고 이야기를 했다. 그런데 말을 하면서도 나 자신도 이해가 되지 않았다. '나 지금 뭐 하고 있지? 대한민국에 고생 안 하고 자식 기르는 부모가 있나? 그런데 우리 어머니 어릴 때 내게 했던 언행은 나쁜 것이 맞잖아' 하고 내 안의 갈등이 올라와 감정이 뒤엉켰다.

아버님은 "우리 아들 안 만난 지 꽤 되었구나. 지금 집사람 친구 딸과 만나고 있다"라고 하셨다. 곧 결혼한다고 했다. 내 귀를 의심했다. 도무지 믿을 수 없었다. 아버님 덕분에 사태 파악이 되었고, 무릎을 꿇은 수치심에 자신감과 자존감은 바닥에 떨어졌다. 집에 와서 '미쳤어! 네가 무릎을 왜 꿇어? 아니, 왜? 왜? 왜?'라고 생각하며 그 불똥은 어머니라는 존재로 향했다. '어느 부모님이든 자식을 위해 희생하는데, 어떤 부모님이 이단에 빠질까?' 답답함에 주먹을 쥐고, 가슴 통증 부위를 두드렸다. '내가 왜 이런 어머니로 인해 이런 일을 겪는 거지?' 자신에게 더 화가 났다. 부모님을 선택할 수 없다는 사실에 울화통이 겹겹이 쌓인 둥근 페스츄리같이 끊임없이 찾아왔다. 쉴 새 없이 돌아가는 감정을 보면 마치 분노의 발작 같다.

매일 밤 이불을 발로 차며 울었다. '바보, 멍청이, 나가 죽자. 영화를 너무 많이 봤나? 무릎은 왜 꿇은 거야?' 하나님이 미웠다. 결국 하나님께 화를 쏟았다. '절 사랑하지 않으시죠?' 하며 원망했다. 아픔과 슬픔의 눈물이 쉼 없이 흘렀다. 분노의 바이러스가 온몸에 퍼졌다. 화가 치솟았다.

몇 달째 반복해서 울다 보니 힘이 다 빠졌다. 힐링 음식 홍소족발을 시켰다. 미니족발 앞다리를 뜯고 껍질을 잘근잘근 씹었다. 족발을 먹는데 무(無)맛이다. 웬만한 스트레스를 날릴 나의 힐링 음식이었는데 아무런 맛이 안 난다. 더 우울했다. 돼지머리 하나가 눈앞에 오더니 비웃기 시작했다. 오동통하고 맛깔나는 고기가 부패하고 썩은 고깃덩어리로 보였다. 구역질이 났다. 우울감의 파도에 휩쓸리기 시작했다. 강한 폭풍우처럼 눈물이 휘몰아쳤다. 탈수 현상이 왔다. 그때는 부모를 선택할 수 없는 사실에 매우 화가 나 있었다. 내가 제일 싫어하는 부류의 사람이 왜 가족이라는 이름으로 있는지 그저 원망스러울 뿐이었다. 내 심장에 구멍을 내기 시작했다. 벌집 구멍 속을 오가는 벌떼 같았다.

집에 있으면 우울한 기운이 커져 남들보다 배로 밖에서 활동을 자주 했다. 그런데 공황장애가 심해지면서 밖을 잘 나갈 수가 없어졌다. 아이들과 함께하는 몇 시간을 제외하고 몇 년을 그렇게 방에 갇혀 있었다. 어떻게 밖에서 일했는지도 모르겠다. 사람과의 대화도 힘들었다. 울음을 그칠 법도 한데 내 의지로 조절이 안 되었다. 누워서 천장을 바라봤다가 창문을 봤다가 스스로 감옥을 만들었다.

《성경》이 눈에 들어왔다. 몸을 일으켜 계시록을 보다가 한숨만 쉬었다. 핸드폰으로 영상을 보았다. 외국인이 예수님과 크리슈나(Krishna)에 대해 이야기하는 내용이었다. 인도 힌두교의 크리슈나(기독교 600년 전)도 십자가에서 부활했다. 인도의 크리슈나는 힌두교에서 두 번째로 추앙받는 위격의 성자(聖子)다. B.C 7세기경(약 2,600년 전), 크리슈나는 인도의 한 부족에서 태어나 스스로 태양신을 숭상했으며, 실천윤리를 중시하는 통속종교를 창도(唱導)했다. 천사와 현인들, 그리고 목동들이 크리슈나의 탄생을 지켜봤다고 한다. 크리슈나는 동정녀 처녀에게서 태어났으며, 그의 아버지는 목수였고, 갠지스강 강가에서 세례를 받았다고 한다. 크리슈나는 나무 위에서 십자가에 못 박혀 죽었고, 그는 그를 죽인 자들 가운데에서 일어나 부활해 하늘로 올라갔다고 전해진다. 그는 하나님으로, 구세주로 불렸다. 그는 힌두교의 삼위일체 가운데 두 번째 위격이었고, 자신을 아버지에게로 가는 길이라고 했다. 그는 많은 기적과 이적을 행했고, 나환자와 맹인, 귀머거리를 치료했다.

《성경》의 내용을 보면, 2,600년 전의 크리슈나의 행적(行蹟)을 그대로 모방한 흔적이 보인다. 크리슈나는 다음과 같이 말했다고 한다. "나는 모든 것의 생명이며, 세상을 떠받치는 자이며, 세상의 길이며, 그 피난처이다." 예수 그리스도는 그것을 다음과 같이 바꾸어 말했다. "나는 길이요, 진리요, 생명이다." 크리슈나는 다음과 같이 말했다고 한다. "나는 사물의 시작이며, 중간이며, 끝이다." 예수 그리스도는 그것을 다음과 같이 바꾸어 말했다. "나는 알파요, 오메가이다." 크리슈나는 다음과 같이 말했다고 한다. "나는 삶을 여러 번 반복해서 윤회전생(輪廻轉生)하고, 너희들도 삶을 여러 번 반복한다. 그리고 나는 그 모든 삶을 알고 있다." 예수 그리스도는 그것을 다음과 같이 바꾸어 말했다. "나는 내가 어디서 와서 어디로 가는지를 알고 있다. 그러나 너희들은 내가 어디서 와서 어디로 가는지를 모른다."

10년 전의 그 영상에서 크리슈나를 비롯해 예수님보다 더 빨리 출현한 신들이 있다고 했다. 인간들이 말을 듣지 않아 외계인을 보냈다고 말했다. 충격 그 자체였다. '예수님이 외계인이라면 말도 안 되는 소리잖아.' 심장 박동 수가 빨라졌다. '지금껏 내가 누구를 믿었던 걸까?'

'아니야, 그럴 리가 없어, 예수님은 진짜야.' 그런데 다시 환각 증세가 이어졌다. 환청이 내 귀와 머리에 통증을 일으켰다. 어두운 소용돌이가 종교에 대한 믿음을 녹이기 시작했다. 그리고 거센 비웃음과 함께 상념으로 이야기했다.

'따라쟁이 예수다. 크리슈나가 먼저야. 인간들이 대대손손 타락해서 그런 외계의 신들이 계속 나타난 거야.' 괴롭고 고통스러운 마음에 또다시 '요한계시록' 내용이 눈앞에 펼쳐졌다. 일곱째 나팔, 세상의 징조, 두 번째 짐승, 우상에게 절하지 않은 자들 죽임, 짐승이 사람들의 오른손과 왼손에 표를 받게 한다. 온몸을 벌벌 떨었다. '요한계시록은 아무도 풀 수 없지?' 하며 사악한 얼굴이 공기처럼 떠다니며 비웃었다. 요한계시록 내용이 나를 계속 따라다니며 괴롭혔다. 이불 속에서 계속 울었다. '그만해. 사라져' 하며 귀를 틀어막았다.

그 뒤로 교회에 가지 않았다. 이후 성당도 다녀보았다. 남천 성당에서 소피아라는 세례명을 받았다. 그러나 성당에서 커튼 같은 미사 보를 쓰고 계속 잤다. 마음이 안정되지 않아 목탁 소리의 평안함에 이끌려 삼광사, 범어사, 해동용궁사에 갔다. 하늘, 바다, 자연의 풍요로움을 감상했다. 시간이 흘렀다. 공황장애를 스스로 치유하게 되었다. 진짜 성경《탈무드 임마누엘》은 실제로 예수님 무덤에서 발견된 것이라고 한다. 종교에서 번역하고 왜곡된 내용이 아니다. 진리 2가지가 빠져 있는데 첫 번째는 고도문명이고, 두 번째는 전생이다. 종교 지도자들이 사람들의 공포와 두려움을 이용해서 장사하고 있었다는 사실도 알았다. 사람들의 공허함을 악용하는 자들이었다. 이제는 영적 성장을 통해 종교의 하나님이 아닌 창조주 하느님을 알게 되었다.

신성을 회복하지 않으면
모든 애씀이 부질없다

코로나를 겪으면서 안전한 직업은 없다는 것을 다시금 느꼈다. 키즈 카페 면접을 보았다. 너무 조용한 곳이라 잘 적응할 수 있겠냐는 질문을 받았다. 지금껏 바쁘고 전쟁 같은 분위기 속에서 일했기에 그 질문이 낯설었다. 지난번 바리스타 자격증을 따둔 것이 도움이 되었다. 키즈 카페 메뉴에는 커피, 에이드, 허브차 등이 있었다. 5인 이상 집합 금지라 입장 금지를 준수했다. 방문 시 QR코드 확인 후 열 체크를 했다. 미취학 아동들에겐 가혹하지만 어쩔 수 없었다.

어린이집과 유치원에서 마스크 착용에 적응한 아이들을 입장시켰다. 아이들은 이곳을 좋아했다. 마트 놀이, 발레 방, 청소 방, 공룡 방, 트램펄린, 크고 작은 볼풀 방 등이 있다. 아이들은 이곳에서 자유로움을 만끽했다. 그리고 보호자들에게 휴식을 줄 수 있었다. 센터를 중심으로 음료를 마실 수 있는 의자와 테이블이 있다. 테이블 가운데는 CCTV가 보이는 대형 화면이 있어 보호자들은 아이들을 한눈에 볼 수 있어 안정감을 느꼈다.

　빔프로젝터 고장을 시작으로 시설에 크고 작은 문제가 발생했다. 처음에는 음료 냉장고가 작동하지 않았다. 사람으로 치면 심장 같은 부위의 부품을 교체했다. 몇 달 뒤 휴무 날이었다. 아르바이트생에게 전화가 왔다. 제빙기에 얼음이 녹아 바닥이 물바다가 되었다고 했다. 검색해서 업체에 전화했다. 제일 빨리 방문할 수 있는 기사님께 요청했다. 머리가 지끈지끈했다. '오늘은 별일 없겠지' 생각하며 아이들이 노는 모습을 보고 있었다. 이후 퇴근하려고 하니 건물 시설 관리자에게 전화가 왔다. 물 배관에 누수가 생겨 아래층 점포의 배관에서 물이 흐르고 있다고 했다. 커피머신, 온수기, 제빙기, 포스기 4대, 음료 냉장고, 보관 냉장고 전체에 전기가 올라왔다. 처음에는 아르바이트생과 함께 겨울철 정전기인 줄 알았다. 카페 담당자는 인천, 수원, 광주 쪽도 맡고 있었다. 거리가 멀었다. 실제 거리처럼 마음의 거리도 그러했다.

　문제의 강도가 심해지자 심신이 피폐해져갔다. 기계들이 도미노가 쓰러지듯 문제를 일으켰다. 점점 그 강도가 커져 스파크가 일어났다. 예전부터 전자파에 대한 거부감과 기계공포증이 있었다. 하지만 책임감을 가지고 내가 있을 때는 사건 사고가 나지 않길 원했다. 한국전기공사, 배관업체 A, B, C, 본사 전기 담당, 포스기 기사, 프린트 등 많은 분이 와주셨다. 한 달째 정확한 원인을 몰라 머리카락이 많이 빠지고 생명의 위협도 느끼게 되었다. 건물 관리자는 "다른 사람 같으면 골치 아프다고 도망갔을 텐데 대단합니다" 하고 응원해주셨다. 위로와 칭찬을 받고 "건물주 수업을 하고 있나 봅니다"라고 했다.

출근 후 카운터에 앉았다. 오른쪽으로 고개를 돌렸는데 기계들이 보였다. 기계를 보니 계속 머리가 아팠다. 나는 이제 일하는 것이 힘겨웠다. 우울감이 올라와 큰 볼풀장 벽면을 꾸미기로 했다. 긍정의 힘을 내보려고 주문을 외웠다. 우주가 생각났다. 태양계 행성들이 선명하게 보였다. 수성, 금성, 화성, 목성, 토성, 천왕성, 해왕성을 꾸밀 재료들을 검색해서 구입했다. 아름다운 별도 샀다. 넓은 공간을 꾸미고 또 꾸몄다. '이런 우주에서 살고 싶어요. 이젠 지구에서 일하는 것도 지쳤어요'라고 생각했다.

별들을 붙이면서 '아름다운 행성들을 돌아다니면 얼마나 좋을까?' 하고 생각했다. 그리고 영화 〈아바타〉를 떠올리며 그런 곳에 있는 모습을 상상하곤 했다. 상상만으로도 행복했다. 큰 사다리에 올라가서 유리창에 행성들을 완성하니 더 간절해졌다. 다시 내려와서 꾸미고 싶은 그림을 찾고 있었다. 그러다 MBC 〈신비한 TV 서프라이즈〉에서 '지구 속에 또 하나의 지구가 있다?!'라는 주제로 방영한 영상을 보았다. 처음엔 허무맹랑한 이야기일 거라 생각했다. 그런데 점점 실제라는 생각이 들었다.

퇴근 후에 지구공동설에 대한 영상을 들으면서 꾸미기 작업을 계속했다. '오연의 미스테리 이야기'에서 지구 속 세계에서 2년 반을 살다 온 남자에 대한 영상도 보았다. 1828년 어부인 얀센 부자는 북극해를 탐험하고 있었다. 그러다 배가 거대한 구멍 속으로 점점 빨려들어 가게 되었다. 정신을 차린 얀센 부자의 앞에는 평생 본 적도 없는 진보된 문명이 있었다. 지표면에 붙어서 살고 있는 신인류의 신장은 2m 50cm~3m였다. 언어는 고대 인도에서 사용된 산크리스트어를 사용하고 있었다. 거인족들은 그들에게 호의적이었다. 얀센 부자는 거인족들에게 지구에서는 얻을 수 없는 지식과 정보를 배웠다. 지구와 달리 3/4은 대륙, 1/4이 바다였다. 의학에서도 지구와 견줄 수 없게 발전을 이룬 상태였다. 거인족들은 질병에 걸리지 않고, 평균 수명은 600~800살이었다. 80세까지 교육을 받고, 100세에 성인임을 인정받는다. 일반적으로 120세에 결혼했고, 그만큼 다양한 경험을 축적해서 얻어낸 지혜를 기록해 후대에 전했다. 질 높은 학문과 교양을 쌓았다. 품행 또한 올발랐으며 인간과는 다른 고도의 문명인이었다. 동물, 곤충, 열매 등 지구상에 존재하는 것보다 2~3배는 거대했다. 재배되는 딸기는 지구의 사과 크기였고, 참외는 수박 크기를 하고 있었다.

얀센 부자는 그곳의 하늘에서 또 다른 태양을 발견했다. 이곳은 지저세계라고 수많은 목격자들이 증언했다. 또한 여기에서는 태양을 신으로 여겨 숭배하고 있었다. 그 태양은 자연적인 것이 아니고 선조들이 전기장치를 이용해 만든 모조 태양이다. 놀라운 것은 교통수단이었다. 교통수단은 수평 이동을 하거나 수직 상승과 하강 등이 자유로웠다. 생긴 건 열차와 흡사했으며 바퀴가 없다. 지저세계의 하루는 지구와 비슷하게 낮 12시간, 밤 12시간으로 흘러간다. 기후는 하루에 한 번씩 비가 내리는 것 외에는 일정했다. 문명은 예술과 과학, 특히 기하학과 천문학이 발달했다. 오래된 역사와 발달된 문명 속에 문화생활에도 깊은 조예가 있다. 청소년기에 10년 동안 음악을 배운다. 놀라지 않을 수 없는 수많은 경험을 뒤로하고 2년 동안의 짧지 않은 시간을 보낸 후, 부자는 거인들의 도움으로 본래의 세계로 돌아왔다.

그러나 분명히 북극해를 통해서 지저세계로 들어갔는데, 그는 남극 한가운데 있었다. 그는 고향인 노르웨이로 돌아와 자신이 겪은 일들을 지인들에게 전했다. 어느 날 그는 허무맹랑한 이야기로 선동을 했다며 노르웨이 경찰들에게 체포되었고, 정신병자로 취급받아 28년을 정신병원에 갇혀 살았다. 50세가 넘는 나이에야 자유의 몸이 되었다. 그럼에도 불구하고 남은 평생을 지구 속 문명에 대한 주장을 계속해왔다. 그러다 1906년, 향년 95세의 나이로 사망하게 되었다. 그는 자신의 경험을 책으로 엮어 온 세상에 알려달라는 유언을 티모시에게 남겼다. 한국에서는《지구 속 문명》이라는 책으로 출판되었지만, 지금은 절판 상태다.

《북극 너머 지구 속 비행일지》의 책 표지를 보았다. 50년 만에 극비 문서인 비행일지 속 내용은 지구 공동설에 대한 신뢰를 더하는 것 같다. 지구 공동설, 지하 도시 등을 체험한 사람이 있다는 것은 충격적인 진실임이 틀림없는 것 같다.

공수래공수거(空手來空手去) 인생이다. 상실감과 허탈감의 반복에서 벗어나고 싶었다. 꿈꾸고 살고 싶은 세상이 지저세계 같았다. 너무도 간절히 가고 싶다. 매머드, 공룡, 커다란 동물들을 직접 보고 싶다. 고도 문명이라 그런지 거인들의 인격도 훌륭하고 질병도 없고 예술이 발전한 그곳은 사람들이 꿈꾸는 파라다이스가 아닐까? 내가 있는 지구가 그러면 얼마나 좋을까?

배관업체 대표님께 전화가 왔다. 지인에게 믿을 만한 업체가 없는지 조언을 구해 소개받은 곳이었다. 그분은 나를 진심으로 걱정해주셨다. 두꺼비 집을 체크하고 온수기와 커피머신 선을 보여주셨다. 겁이 나서 선 가까이 가지 못했다. 기계와 관련된 전선들이 너무 징그러웠다. 하지만 책임감으로 마음을 다잡았다. 그래도 계속 놀라 멍해졌다. 연습장을 가져와 그림을 그리며 메모했다. 선 자체를 바꾸어야 하고 직접 볼트를 사용하라고 해주셨다. 카페 담당자와 통화를 연결했다. 법인 회사인 것을 아시고, 출장비도 점검도 거부하셨다. 다시 전화를 드렸다.

거부하시는 이유를 여쭤보았다. 배관업체 대표님은 많은 공사를 했지만 법인 회사와 엮이고 싶지 않다고 말씀하셨다. "하도 당한 게 많아서 하고 싶지 않은데, 딸 같고 이 상황에 근무해서 공황장애가 올까 봐 걱정되었다. 아이가." 그 뒤 콘센트도 바꿔주시고 선들도 교차해서 확인해주셨다. 원인을 찾지 못하면 공사해야 한다는 말씀과 함께 여러 가지 조언을 해주셨다. 대표님께 달콤한 바닐라라테를 드렸다. 너털웃음을 지으며 울산으로 가셨다. 너무 감사해서 조그만 마음을 담은 한라봉을 전해드렸다. 그리고 배관업체 필요하신 분께 꼭 추천해서 소개해드리기로 했다.

그날의 나 하루를 참 알차게 보낸 것 같다. 행성과 지구 공동설에 심취해서 가상과 현실이 가득 채워진 기분이다. 꾸미기 작업을 하면서 이미 지구 공동설 세상에 살고 있었다. 머릿속에서 장소에 제한되지 않고 자유자재로 가상과 현실을 넘나들고 있었다. 물론 진짜 현실은 우주 자료와 행성 조각들을 정리하고 있지만 말이다. 별들이 휘날려 볼풀공 속으로 들어가 버려 그 조각을 찾고 있다. '현실을 벗어 던지고 지구가 아닌 아름다운 지저세계를 갈 수 있다면 얼마나 좋을까?' 생각만으로도 기분이 좋아진다. 화성과 금성, 그리고 토성을 왔다 갔다 자유롭게 다닐 수 있는 영혼이 되고 싶다.

종교의 종지부
종소리가 울렸다

오늘의 점심 메뉴는 소고기 샤부샤부다. 식당에서 7년 만에 만나는 직장 동료를 기다리고 있다. 결혼 후 육아에 집중하고 있는 선배다. 아이를 유치원에 보내면서 제법 여유가 생겼다고 한다. 아이의 초롱초롱한 눈을 보며 자신의 인생을 걸고 있다고 한다. 그녀는 두 아이의 엄마로, 시간이 째깍째깍 가는 게 하니라 점프한다고 했다. 서로의 손을 잡고 예약된 방으로 들어왔다 선배는 일도 잘했고, 성격도 호탕했다. 무엇보다 자신을 잘 꾸미고 옷도 잘 입었다. 지금은 편안한 운동복을 입고 왔다. 낯설었지만 편안해 보였다. 아내로, 며느리로, 아이 엄마로, 그러한 삶 속에서 희생하고 있었다. 속상한 마음이 들었다.

메뉴를 정하기 전에 전화로 대화한 일부분을 이어갔다. 지금껏 선배는 절에 다니다가 만민중앙교회를 10년 이상을 다녔지만, 이제는 아무 데도 다니지 않는다고 했다. 언론을 뜨겁게 다룬 성범죄, 세뇌,

비리, 사기 등의 사건에 울분을 토했다. 그토록 믿었던 목사의 배신에 충격이 컸다고 한다. 교회고 종교고 뭐든 진절머리가 난다고 했다. 목사에게 안수 기도를 받은 후 물방울 천사를 보았고, 심지어 외계인까지 보여줬다고 했다.

그 말을 듣고 지난날들이 펼쳐졌다. 기억 속에서 목사님이 보이고 마이크를 잡고 바닥에 무릎 꿇은 성도들의 사진 속에 어머니도 계셨다. 흰색 블라우스까지 입고 무릎을 꿇고 계셨다. 눈을 감고 사람들과 함께 "아버지 주여! 주여! 믿습니다" 하는 장면이었다. 그리고 산속에 있는 기도원에 간다고 해서 몇 번 따라갔던 그 장소였다. 방언 기도의 장면을 흉내 내보았다. "아다다다다 시불시불 아바바바바 몰라몰라" 하며 손뼉을 쳤다. 십수 년 전 기억을 재연했다. "귀신 부른 거 아냐?", " 전국 귀신 불렀지?", "회개하라" 언니와 서로의 눈을 보며 한바탕 웃었다. 라이스 페이퍼에 고기와 채소를 듬뿍 넣어 돌돌 말아 한입 크게 베어 먹었다. 맛을 음미하면서 인생을 잘근잘근 씹었다.

헌금에 대한 쓰라린 기억이 났다. 월급을 받으면 즉시 은행에서 새 돈으로 바꿔 헌금을 냈다. 마음과 정성을 쏟아부었다. 점점 십일조와 각종 다양한 헌금이 추가되었다. 나는 교회 예배에 꼬박 참석했다. 주일을 거룩히 지키기 위해 하는 노력에 입꼬리가 실룩거렸다. 나 스스로가 놀라웠다. 그런데 점점 헌금 시간은 돈을 뺏어가는 시간인 것 같았다. 헌금을 내면 7배로 불어나지 않았다. 수입은 일정한데, 지출이 배가 되었다. 그런데 목사님들의 차는 수입차로 바뀌고, 넓은 평수의 아파트로 이사를 했다. 성전에는 곳곳에 대리석이 깔렸다. 나는 뒷좌석에 앉아 하나님을 찾았지만, 하나님은 교회에 계시지 않았다. 선배에게 3개월 만에 3,000부가 팔린《천국의 문》을 선물했다. 내 가방 안에 있던《탄허록》의 내용 일부도 읽어주었다. 한참 동안 질문과 답을 주고받았다. 앞으로 어떻게 해야 하는지, 믿을 종교가 있는지, 교회와 모든 종교의 종말의 답을 전했다. 50년 전, 일본 열도 침몰과 한반도의 미래, 그리고 국제 정세를 정확하게 예측한《탄허록》은 유명하다. 우여곡절 끝에 1975년에《신 화엄경 합론》이라는 이름으로 세상의 빛을 보게 되었다.

이제 우리는 원하는 것을 얻기 위해 무엇을 준비해야 할까? '앞으로 다가올 미래, 종교의 교파를 넘다'에 이런 내용이 있다. "세상이 거칠고 험악해진 것은 불교의 자비, 기독교의 박애, 유교인 등과 같은 종교 덕목들이 현실에서 실천되지 못한 까닭이다. 현재의 종교는 쓸어 없애버려야 한다." 이 말은 신앙인끼리 괄목상대하고, 네 종교, 내 종파가 옳다며 적대시하며, 이교인이라 해서 동물처럼 취급하는 천박한 종교의 벽은 무너진다는 뜻이다. 최근 탄허 스님의 유튜브 영상 내용과도 일맥상통하는 부분이 많았다. 그중에서도 '엉뚱한 지도자 출현'을 보았다. 국제적인 권능의 지도자가 이 땅에서 출현한다. 요순 임금이 한반도에 나타난다. 가장 이상적이고 초능력적인 힘을 발휘할 수 있는 인물, 구세주나 메시아에 비견하는 인물이 나온다. 지금껏 종교, 철학, 역사, 인문 등이 다 사라지고 모든 것을 포용하는 초종교가 나온다. 동학에서 말한 '무극대도'를 떠올리게 한다. 일부 종교나 정치가 아닌, 그 모든 벽과 한계가 없는 새로운 인물이 아닌가 하고 추측한다. '이 세계가 멸망이냐, 심판이냐 하는 무서운 화탕 속에서 인류를 구출해낼 수 있는 방안을 가지고 있는 이'라고 했다. 언니는 내용 일부를 듣더니 고개를 끄덕였다.

그리고 "교회가 아닌 사찰 음식 먹고 절에라도 가끔 가볼까?"라는 말을 했다. 순간 〈그것이 알고 싶다〉에서 다룬 청도의 한 사찰에서 엄마가 아들을 전신 2,000번 이상 구타해서 사망하게 했다는 사건이 생각났다. 아들을 잃은 아버지는 주지와 사찰과 연관이 있었다고 의심했다. 어머니는 모든 게 자신의 잘못이라 했다. 하지만 신도들의 탄원서가 아내가 아닌 주지에 대한 것이어서 의아해했다. 다시 보아도 소름이 끼쳤다. 종교가 자꾸 변질된다는 생각이 들었다. 가짜 예수님도 많은 것 같다. 그런데 반대로 가짜가 많은 것은 어쩌면 진짜가 존재할 수 있다는 것이 아닐까 하는 생각이 들었다. 과일을 먹고 각자의 자리로 돌아가야 했다. 다소 무거워진 분위기에서 마지막 대화를 이어갔다.

한 해 동안 수많은 의문 속에 답을 찾지 못했다. 그 의문의 답을 찾았기에 스님께 전했다. 스님께서 "뭐가 그리 바빠 살았을꼬?"라며 마음에 모든 답이 있다고 하셨다. 나를 유치원생 대하듯 했다. 그날 쓰고 간 방울이 달린 털모자를 보며 웃음을 보이셨다. '마음의 길'이라는 산책로가 있었다. 스님과 몇 바퀴를 돌면서 내 열정을 쏟아붓듯 질문을 던졌다. 인생을 살면서 풀지 못한 것들이니 꽤 무게가 나갔다. 스님은 내 질문에 "산은 산이요 물은 물이로다"라는 식으로 말씀하셨다. 순간 지금껏 목사님, 신부님, 수녀님에게 질문을 하고 나서 들은 추상적인 답변에 화를 냈던 마음과 맞닿았다. 부글거리는 마음을 애써 추슬렀다. 마음에서 답답함이 올라왔다. "스님, 우리나라 교회 개수는 편의점과 맞먹는 5만 5,000개를 넘었고, 사찰과 절은 1만 개에 달했습니다. 그런데 사람들은 여전히 행복, 성공을 끊임없이 찾으러 다닙니다. 영생의 자유는 존재하지 않는가요? 인생의 생로병사를 왜 계속 반복할까요?"라고 질문했다. 스님은 눈빛이 달라지셨고 한곳을 응시하셨다. 그리고 자리를 떠나셨다.

인어공주

〈살구뉴스〉에서 재미있는 기사를 보았다. 디즈니 공주들의 이야기 속 배경과 상황이 각자 다른 만큼 성격도 다양하게 표현되고 있다. 과연 나와 MBTI가 같은 공주는 누구일까? 〈인어공주〉의 에리얼은 'ENFP-재기발랄한 활동가', 〈백설공주〉는 'ESFJ-사교적 외교관', 〈메리다와 마법의 숲〉, 메리다-ESTP 모험을 즐기는 사업가, 〈공주와 개구리〉의 티아나는 'ESTJ-엄격한 관리자', 〈알라딘〉의 자스민은 'ESFP-낙천적 엔터테이너', 〈겨울왕국〉의 안나는 'ESFJ-사교적 외교관', 엘사는 'INFJ-선의의 옹호자', 〈잠자는 숲속의 공주〉인 오로라는 'ISFP-호기심 많은 예술가', 〈뮬란은 'ISTP-만능 재주꾼', 〈신데렐라〉는 'ISFJ-용감한 수호자', 〈미녀와 야수〉의 벨은 'INFP-열정적인 중재자'이다.

그중에서도 인어공주에 대한 글이 눈에 들어왔다. 에리얼은 호기심이 많고, 반항적이고, 충동적이며 자신의 삶을 고집하고, 새로운 세상을 경험하고 싶어 한다. 인간세계에 흥미를 느끼게 되어 자신이 속한 세계보다는 시야를 넓히는 데 관심을 가지고, 새로운 것을 탐험한다.

최근 내가 만난 에리얼이 있다면, 그녀인가 싶다. 바로 위닝북스의 권동희 대표님이다. 에메랄드빛 바다와 잘 어울렸다. 그녀는 크루즈 여행을 20번 이상을 다녀왔는데, 그곳에서도 독보적인 존재였다. 첫 만남에서 그녀는 눈부시고 아름다웠다. 큰 리본 핀을 하고 있었는데 사랑스러웠다. 세 아이의 엄마라고는 믿기지 않을 정도다. 처음 보는 순간 '어디서 본 것 같은데'라는 생각을 했다. 시간이 지날수록 인어공주를 닮았다는 생각이 들었다. 부유하고 성공한 사람을 많이 접한 건 아니지만 겉치레를 종종 느끼곤 했는데, 그녀는 달랐다. 내면의 진실성이 느껴졌다.

그로부터 두 달 뒤에 부산에서 크루즈 설명회가 있었다. 그녀는 《나는 100만 원으로 크루즈 여행 간다》의 저자다. 보통 크루즈 여행은 죽기 전에 가는 어르신들의 버킷리스트였다. 몇천만 원이나 들기에 돈을 모아서 간다고 생각했다. 그런데 100만 원만 있으면 바로 갈 수 있다고 한다. 크루즈 여행에 대한 편견이 사라졌다. 내가 모르는 세계가 있었던 것이다. 신선한 충격이었다.

크루즈 여행을 가는 방법은 크게 3가지다. 첫 번째는 선사로 가는 방법이다. 저렴하지만 영어로 되어 있어 복잡하다. 두 번째는 홈쇼

평과 여행사 등으로 가는 방법이다. 보편적이지만 2~5배 이상 비싼 가격으로 가게 된다. 세 번째는 권동희 대표님이 운영하는 동호회를 통해서 가는 방법이다. 가장 저렴하고 안전하며 최고의 방법이다. 처음에는 너무 저렴해서 의심부터 하게 될 것이다. 나 또한 그랬다. 하지만 '백문불여일견'이라는 말을 하고 싶다. 살아 있는 천국이 있다면 크루즈 여행과 같을 것이다.

권동희 대표님 주위에는 아름답고 멋진 분들이 많다. 바비인형을 닮은 이미경 실장님과 반전 매력의 박필현 대표님, 이 두 분은 꿈의 부부다. 한국에서 크루즈 여행을 이끄신 분들이다. 그리고 섹시한 농부 김무현 대표님, 멋스러운 신진호 대표님, 댄스 신동 양상우 대표님, 마술사 양승출 대표님 등 많은 분들이 계셨다. 그리고 여행가, 상담 심리 전문가를 비롯해 다양한 분야에서 일하는 전문가들도 있었다. 모두 굉장히 따뜻한 분들이었다. 설명회를 마치고 어디든 빨리 여행을 가고 싶었다.

내 인생의 전환점이 필요했다. 권동희 대표님 도움으로 바로 카자흐스탄 가는 비행기를 예약했다. 여행을 갈 준비로 분주했다. 한복과 빨간 드레스를 준비하면서 어렸을 때 생각이 났다. 어린 시절 교회에서 주경 언니의 갑작스러운 죽음으로 빨간색을 입을 수 없었다. 아이들은 교회 활동 중인 부모님과 함께 검은 옷을 입고 왔다. 나는 예수님은 부활하셨는데 사람들은 컴컴한 땅에 묻히는 것이 싫었다.

좋아했던 빨간색 옷을 보면 사람들의 피와 슬픔, 무서운 생각에 잠식되곤 했다. 그래서 오랫동안 입지 않았다.

그런데 이번 여행의 드레스코드가 레드였다. 30년 만에 빨간 드레스에 도전했다. 부산 촌아이가 해외여행 한 번 간다고 마음이 들뜨고 설렜다. 온라인쇼핑이 시작되었다. 일주일 동안 드레스를 주문하고 입어보고 반품했다. 마음에 드는 옷을 찾는 게 쉽지 않았다. 통통해진 체형 탓인지 옷 사이즈가 작게 나온 것인지 한계에 부딪혔다. 같은 품목 여러 사이즈를 시키기도 했다. 어서 준비해서 가고 싶다는 생각이 컸다.

그러다 작가님들의 얼굴과 함께 액세서리가 생각났다. 귀걸이, 목걸이를 코디하며 작은 선물들을 준비했다. 줄 수 있다는 생각만으로도 기뻤다. 한복은 노란색 나랏말싸미 저고리와 보라색 치마로 골랐다. 문제는 드레스다. 차선으로 드레스 대여 매장을 검색했다. 남천동 오페라 하우스로 갔다. 원장님은 화려한 드레스처럼 아름다우셨다. 이런저런 이야기를 하며 내 체형에 맞춰 드레스를 골라주셨는데 너무 마음에 들었다. 내 뼈 상황을 알게 되셔서 통굽 슬리퍼도 빌려주셨다. 단순하면서 빛나는 귀걸이도 좋았다. 그리고 긴 붙임 머리도 주시고 포즈도 가르쳐주셨다.

돌아오면서 나는 서비스업에 종사하던 시절의 화려하고 당찬 모습을 떠올렸다. 최근에는 몸이 아파 맨날 같은 옷만 입고 다녔는데 옷 박스에 그대로 있는 옷들도 펼쳐보았다. 또 한 번 과거 속의 나 자신을 찾았다. 여행의 모든 것이 설렘과 행복감으로 가득 찼다.

다들 권동희 대표님을 가리켜 사랑이라는 말을 많이 했는데, 왜 그런 말을 하는지 실감하게 되었다. 넓은 시야로 단체와 각 개인을 잘 챙기셨다. 생각과 말과 행동이 일치했다. '우리를 도우러 온 수호천사인가?' 하는 생각도 들었다. 댄스 타임에 남녀노소 불문하고 사람들에게 찾아가 기쁨을 선물했다. 몸이 경직된 내게 와서 귓속말로 "내가 비욘세다"라고 해서 웃음이 터졌다. 머리띠를 하고 별 요술봉을 들고 팅커벨처럼 다니며 사람들을 챙겼다.

나는 뼈의 통증도 잊고 충만한 의식으로 관절이 부활한 듯했다. 편도가 붓고 목도 쉬었지만, 열정적인 에너지로 사람들을 끌어당기고 있었다. 글을 쓰는 동안 여행 중 숙소에서 머메이드 치마를 입고 앉아 있던 모습이 생각났다. 작가님들이 '인어다'라고 말해 두 다리를 파닥거렸다. 한바탕 크게 웃었다. 마지막 날에는 만년설에 갔다. 그 과정에서 전체적인 상황들을 파악하고 때론 독수리의 눈으로 포착해 총명하게 해결했다. '여행 속에서 그 사람의 진면모를 알 수 있다'라는 아나톨 프랑스(Anatole France)의 말처럼, 여행이란 우리가 사는 장소를 바꾸어주는 것이 아니라 우리 생각과 편견을 바꿔준다.

인생라떼 권마담 님의 라이브를 매주 금요일마다 빠지지 않고 듣는다. 추상적인 힘이 구체화되어 나를 스스로 움직이게 하는 힘을 주었다. 지난여름에 들었던 방송이 기억에 남는다.

먼저, 특별한 9세 소년 김태양 작가님이 특별 출연했다.《어린 왕자가 전하는 동물들의 사후 세계》의 저자 김태양 군이다. 9살 소년이지만 책의 내용은 참으로 값졌다. 5살 때 식탁에 여러 가지 사과가 놓여 있었는데, 그 가운데 가장 빛나는 사과를 베어 먹었다고 한다. 그리고 그때부터 곤충과 새, 동물들과 대화를 할 능력이 생겼다고 한다. 얼마 전 무지개다리를 건넌 귀여운 쥐방울이와 땅콩이 이야기도 들을 수 있었다. 동물 천국에서 황금과 보석으로 된 사료를 먹고, 마법으로 그림을 그리고, 달리기와 줄넘기를 한다는 이야기를 들었다. 반려견의 죽음으로 슬퍼하는 지인들이 생각났다. 어린 강아지를 안고서 입김으로 살리려 했던 한 선배도 생각났다. 이 책은 어른과 아이들에게 소중한 선물 같은 책이 될 것 같았다.

이어서《결국 당신은 반드시 이길 것이다》의 책 내용으로 진행되었다. 우리는 자기 스스로 생각하는 것을 신뢰하고 활용해야 한다. 모든 상황이 악마로부터 유인당한 것이다. 우리는 태어나는 순간 곳곳에 악마가 세팅한 대로 살았다. 내가 당연하게 여겼던 것들이 조작이었다는 것을 알게 되었다. 악마는 규칙과 시스템을 통해 자연스럽게 따르게 했다. 직장, 가정, 학교 모든 것이 그렇다. "하지 마", "안돼"라는 말을 자주 함으로써 아이들에게 부정적인 사고가 자리하게 하고 창의적인 사고를 방해한다. 관리하기 쉬운 방식으로 자라게 하는 것이다. IT 같은 편리한 시스템들도 우리를 통제하는 것이다. 명확한 사고와 목표가 중요하다. 내면을 끄집어내서 방황하지 말고, 자주적인 생각을 해야 한다. 이 책을 혼자 읽었을 때보다 이 방송을 통해 깨달음이 2배가 되었다. 내면과 외면의 힘을 느낄 수 있었다.

현대판 '인어공주'는 권동희 대표님이라 정의하고 싶다. 진실된 힘이 강하고, 일곱 빛깔 사랑을 사람들에게 나눠준다. 소외된 사람들에게도 크루즈 여행을 통해 꿈을 함께 실현하고, 희망의 메시지를 전하고 있다. 어머니의 넓은 포용력으로 주위 사람을 감싼다. 내면과 외면의 아름다움이 일치하기에 더욱 눈부시다. 어떤 분야에서도 선한 영향력을 주고 있었다.

여러분들이 여행을 하길 권한다. 당신 앞의 눈부신 그녀도 만날 수 있다. 선글라스를 꼭 준비해두자. 당신이 보는 세상은 눈부실 테니 말이다. 용기를 낸 만큼 주어진 기회와 함께하길 바란다.

4장

기억하라,
당신은 세상의 빛이다

위드 코로나 속에서 주신 메시지는 무엇인가?

2019년 2월, 코로나로 일을 그만두게 된 날을 잊을 수가 없다. 그 당시, 필라테스 매장에서 아르바이트 일을 하며 상담 실장이 되었다. 처음 방문을 했을 때는 주인 없는 집 같았다. 넓은 공간이 휑하니 비어 있었다. 이 공간에 식물과 가습기를 배치했다. 시설 부분의 부족한 곳을 아이디어로 채우고, 청소는 효율적인 동선으로 바꾸었다. 계속 오고 싶은 공간으로 꾸몄다. 서울에서 온 대표님이 동업하며, 몇 개의 운동센터를 운영했다.

그곳에 요가(플라잉), 기구 필라테스(바렐, 체어, 리포머 등) 등 개인 레슨이 가능한 강사는 총 10명이 되었다. 플라잉 요가 선생님은 경력이 제일 많으셨고, 프로셨다. 내게 주인 의식이 강하다고 이곳이 너무 밝아져서 회원들이 좋아한다고 하셨다. 칭찬을 듣고 뿌듯했다. 일하면서 플라잉 요가 선생님은 나보다 더 주인 의식은 강하신 분이라고 생각했다.

요가 선생님은 사람 자체를 포용하고 자신의 실력과 전문 지식으로 리드하셨다. 그래서 믿음이 가고 신뢰가 쌓였다. 대표님이 없는 빈자리를 대신 채워주고 계셨다. 멋있는 분이셨다. 서로 마음을 모아 일을 하니 웃음이 끊이지 않았다.

전단 아이디어를 짜고 있을 때였다. 듣도 보도 못한 코로나라는 것이다. 재난 영화가 현실이 되었다. 대표님께 전화가 왔다. 통화 후 감염예방 수칙을 붙이고, 손소독제도 곳곳에 비치했다. 일주일 정도면 출근하게 된다는 말을 들었다. 화분에 물을 듬뿍 주고, 청소 후 이른 시각에 마감했다. 1주, 2주, 한 달, 빠른 속도로 감염병이 확산되었다.

지난 12월 중국 우한에서 신종 코로나 바이러스 최초 감염자가 생긴 이후 전 세계적으로 확진자 수가 증가했다. 미국의 CNN 방송은 중국 현지 코로나19 조사팀이 우한에서 기존에 알려진 것보다 훨씬 더 광범위한 감염이었음을 시사하는 징후들을 다수 발견했다고 알렸다. 진실 여부를 떠나 불안감이 몰려왔다. 초조함이 걱정을 부풀렸다.

예전엔 마스크를 쓰면 부정적으로 바라보았다. 그러나 이후 마스크는 얼굴의 일부가 되었다. 코로나 발생 1년이 흘러도 전국의 확진자 수는 점점 더 늘어날 뿐이었다. 중앙재난안전대책본부에서는 생활 속 감염 차단을 막기 위해 연말연시 방역 강화 특별대책으로 5인

이상 집합 금지를 시행했다. 같은 시간대에 5명 이상 모이는 상황(실내, 실외 구분 없이 모두 금지)이나 친목 형성을 목적으로 하는 모든 사적 모임(직장 회식, 워크샵, 세미나, 동창회, 동호회, 야유회, 송년회, 집들이, 돌잔치, 칠순잔치 등)이 금지되었다.

인간으로서 누릴 수 있는 모든 것이 금지된 것이다. 국민들은 하루빨리 마스크를 쓰지 않고 일상생활로 돌아가길 바라며 외출을 자제하고 집안에서 모든 시간을 보냈다. 목욕탕, 필라테스, 학교, 학원, 교회, 그 어떤 곳도 안전한 곳이 없었다. 활동적인 일상이 철조망에 갇힌 감옥 같았다. 집에 있으니 어머니라는 이름의 불안에 내 방문을 잠가 버렸다. 표면적인 문제가 아닌 영적인 문제로 최대한 피하기 위해서였다.

3~4년 전부터 어머니의 나쁜 기운이 점점 심하게 느껴져서 겸상도 못 하고 있다. 주위 도움까지 받으며 수십 차례 선 자리도 나가고 원룸도 가계약 단계까지 갔다. 하지만 혼자 잘 수 없는 고통에 이러지도 저러지도 못했다. 머리를 쥐어뜯으며 아직도 문제의 답을 찾고 있다. 집을 나가려고 할수록 혼자 잘 수 없다는 깊은 어둠에 대한 공포가 또다시 날 짓눌렀다. 두 손으로 주먹을 움켜쥐었다. 숨이 안 쉬어져서 주먹으로 가슴을 치고 극한에 치닫자 손을 펴서 가슴을 쓰다듬었다. '집을 얼른 나가야 하는데…' 발을 동동 구르며 다시 주먹으로 허벅지를 두드렸다. 나갈 방법을 찾아야 한다. 나는 생존을 위

해 발악했다.

　백신 1차, 2차까지 맞은 후 심장과 오른팔의 통증이 심해졌다. 정수리 머리카락이 많이 빠졌다. 일해야 해서 1차만 맞고 더 이상 안 맞으려고 생각했는데, 갑작스러운 보건소 직원들 방문에 2차까지 맞게 되었다. 뭔가 잘못되고 있는 것 같은데 진실의 기준을 찾을 수 없어 무기력해졌다. 거실에서 어머니의 통화 소리와 이만희 설교가 또다시 들렸다. 머리에 통증이 몰려왔다. 순간 죽여버리고 싶다는 생각이 들었다. 내 안의 더럽고, 악랄하고, 사악한 마음이 나왔다. 그리고 미움, 원망, 분노의 기억들도 화산처럼 뿜어져 나왔다.

　죽도록 미웠던 어머니와의 기억들, 마주치지 않으려고 밖에서 남들보다 배로 활동했던 시간도 불쑥 튀어나왔다. 사람들의 "너 엄마 신천지지?", "엄마랑 딸이 바뀐 거 아냐?" 하는 비아냥거리는 말들이 기억났다. 수치심의 말들이 꼬리에 꼬리를 물고, 또다시 내 숨통을 조이기 시작했다. 나의 아킬레스건은 어머니였다. 오빠가 결혼하면서 "재산하나 없고, 아무것도 없는데 사이비 종교에 빠진 것도 모자라 어머니께서 상견례 때 오지도 않았어." 오빠의 상처 박힌 마음이 내게도 박혀 있었다. 일본 유학 생활을 마치고 와서 결혼식을 준비하며 오빠는 중간 역할을 하는 내게 "부모님은 아무것도 해줄 수 없으니 도망가라"라는 말도 했다. 순식간에 어둠의 시간에 잠식당했다. 어둠의 시간이 배가 되어 눈앞에 펼쳐졌다. 고통의 기억에 치가 떨렸다. 평소의 내가 아닌 나를 제어할 수 없는 무언가를 느꼈다. 심장이 말을 듣지 않았다. 통증이 와서 큰 숨을 내쉬었다.

사회의 강압적인 분위기 속에 나도 모르게 원하지 않은 방향으로 흘러감을 느꼈다. 잘못된 것 같은데 명확하게 어떤 것이 잘못되었는지 몰랐다. 찜찜한 채로 서면 지하통로를 걸어갔다. 롯데 백화점 정문 지하도에 백신 거부 현수막이 있었다. 백신 해독에 대해 민간요법도 보였다. 지나가는 사람들에게 미니 신문을 나눠주었다. 그 신문에는 '백신에는 미세 나노 칩이 들어가 있고, 국가가 국민을 사망의 길로 가게 한다'라는 충격적인 내용이 담겨 있었다. 믿기지 않았지만 진짜 같았다. 요즘 어머니를 볼 때마다 자꾸만 그 눈빛이 사람이 아닌 악마같이 보여 나는 날카롭게 대응하면서도 이상하다는 생각이 자주 들었다. 마침 집에 계신 아버지께 신문을 들고 그 내용을 전달하며 앞으로 절대 백신을 맞으면 안 된다고 하니 아버지는 '그런 거 아니다' 하시며 믿지 않으셨다. 모임에도 지인들에게도 숨 가쁘게 전달했는데 아무도 믿지 않았다.

'한책협' 카페에서 고두용 님의 글을 읽으며 많은 값진 깨달음을 얻었다. 코로나에는 단 한 차례도 걸리지 않았지만, 백신은 자그마치 '3차례'나 맞은 이유에 대한 글이 올라왔다.

코로나가 막 시작할 즈음에는 확진자도 많지 않았고, 백신접종은 하지 않았기에, 마스크를 쓰며 학교 수업을 들었다. 시간이 지나 교회에서 특히 많은 확진자들이 생겨났다. 그렇게 백신접종도 시작되었다. 확진자가 증가는 했지만, 백신에 대한 효과가 정말 있는지에 대한 의문이 있었고, 강제가 아니었기에 '굳이 내가 다른 사람의 시선까지 신경 쓰며 맞아야 하나?' 생각이 들었고, 주변 친구들과 친구들에게 물어봐도 맞지 않을 것이라고 했다.

그 당시 뉴스, 유튜브 등의 여론은 맞아야 한다는 분위기가 아니어서 맞지 않았다. 소수의 사람들만 재촉했다. 궁금증이 생겨 검색 결과 백신은 임상실험 등 꽤 긴 시간이 걸리는데 코로나 백신은 9개월 만에 백신 승인이 나 의문이 들었다. 그 당시 우리나라 대통령이 백신을 맞는 뉴스 영상은 특이하게도 화질이 매우 낮았다. 백신 바꿔치기라는 내용도 있었다. 또한 백신을 도운 것은 사업가이자 정치가인 트럼프였기에 의문은 더 커졌다. 점차 여러 음모론과 뉴스, 다양한 여론이 생겨나며 백신에 대한 수많은 부작용과 사망했다는 뉴스도 나왔다.

백신을 맞지 않겠다는 생각으로 지내고 있는데 확진자 수는 더욱 증가해서 2차 백신이 나왔다. 그리고 식당, 마트 등 백신 패스가 도입되어 들어갈 수도 없고 5인 이상 집합 금지 등 정부에서 많은 제한을 했다. 정부가 왜 제한하냐는 국민의 빗발에 다시금 정부가 제한해야 확진자가 줄어든다는 분위기로 바뀌었다. 어느 순간 백신 접종하지 않은 사람들에 대한 비난과 욕설이 거세졌다. '내가 백신을 안 맞는다는 사실을 알면 사람들이 욕할까?' 하는 불안감도 커졌다. 어느 순간 가족과 친척, 친구들에게 전화해보니 직장에서 백신접종 증명서가 필요하다고 해서 대부분 백신을 맞았다고 한다. 백신을 맞은 사람들은 "왜 안 맞니? 부작용 없다"라는 말을 했다.

백신을 거부한 가장 친한 친구 한 명이 있었다. 하지만 백신을 맞은 사람들에게 시선이 집중되어 부주의 맹시에 빠져 그 친구가 보이지 않았다. 백신을 맞고 나니 '나 안 죽었네. 한번 맞았으니 또 맞는 게 좋아. 나라에서도 여러 번 맞는 게 좋다 하잖아'라고 생각하며 왜 안 맞으려 했는지를 잊고 3차 접종을 했다. 백신을 맞은 후 피로감이 약하게 지속되고 주변에서 일어나는 일에 민감하게 반응하거나 종종 어지럽고 스트레스를 느꼈다. 뇌에도 유의미한 영향이 생겼다.

이 글을 읽으면서 꼭 내 이야기 같고, 국민들 이야기 같았다. 깨달음을 주는 값진 글이었다. 2021년 10월 13일 0시 기준, 질병청이 접수한 사망자 수는 1,080명이었다. 그중 눈에 띈 것은 5만 팔로워를 보유한 책 읽는 사자의 블로그 내용이다. 백신 접종 후 사망 관련 기사를 찾기 점점 힘들어진다는 내용이었다. 백신 접종 전에는 너무도 건강했던 사람들이 갑자기 심정지, 뇌출혈로 사망하는 사건도 많았다.

그해 인터넷 뉴스 사이트에 의사, 치의사, 한의사 19명의 의무 접종 반대 성명에 대한 기사가 나왔다. 성명서 내용은 '코로나19 백신은 실험실에서 만들어진 사람의 유전자가 인체 세포 안으로 침투하도록 설계되어 있다. 이 기술은 개발된 후 임상 시험에서 심각한 부작용이 발생해 한 번도 제품화에 성공하지 못했다. 정상 백신은 최소 5~10년의 시간이 필요하고, 그럼에도 개발하는 백신의 93% 실패한다'라는 것이었다. 의사들의 반대 성명 내용과 백신접종 후 부작용과 사망 사건들을 되짚어보았다. 이러한 일련의 일들이 우리에게 던지는 메시지는 무엇일까?

이즈비라는 말이
떠나지 않습니다

    2주째 누워 있다. 앉을 수도, 걸을 수도, 머리를 감을 수도, 간단한 요리도 할 수 없다. 작은 병원에서 유명한 큰 병원까지 찾아갔지만, 여전히 아프다. 사람들의 병으로 장사를 하는 의사가 많다. 그래서 진짜 의사를 찾는 것이 어렵다.

    지금껏 건강 하나는 자신이 있었다. 그러나 예측하지 못한 인생의 전개를 마주하게 되었다. 그래서 '인생은 예측 불허'라는 말이 있는 듯하다. 걷거나 가만히 있어도 무릎을 콱 하고 찔리는 느낌이 들어 주저앉게 되었다. 일상생활에 지장이 생겼다. 치료 과정에서 원인을 몰라 불안감이 커졌다. 2년 여 동안 정체불명의 염증만 더해졌다. 활동적인 나를 몸이 가로막고 있었다. 병원에서는 추측성으로 무릎 연골연화증에 가깝다고 했다. 병명만 계속 늘어났다. 오른쪽 팔과 목까지 통증이 퍼지는 듯했다. 원인을 파악한 후 근본적인 개선을 하고 싶었다. 작년에 무릎 통증을 동반하면서 하지 정맥 시술을 했다.

동시에 통증이 와서 후유증인가 생각하기도 했다. 과거에서 여러 가지 원인을 찾기 바빴다.

　1~2년 동안 근력 운동을 하고 물리치료, 도수치료, 체외충격파 등의 치료를 했는데도 통증이 심했다. 체외충격파는 무릎과 팔꿈치에 닿는 순간 너무 아파 소리를 질렀다. 염증이 치료되는 것은 맞는지 의문과 불신만 쌓였다. 걸을 때 통증으로 생긴 심리적인 트라우마도 자리했다. 누군가 내 옆을 지나가도 큰 충격이 오는 듯했다. 일상생활도 조심스러웠고, 활동량이 줄어들어 발이 묶인 것 같았다. 갇혀 있는 것 같아 숨이 막혔다.

　보험 교육 강사님을 통해 유명한 병원을 찾았다. 질문하기도 전에 안 해야 할 운동은 없으니 해도 된다고 했다. 산책과 간단한 운동으로 스트레스를 풀었기에 기쁜 소식이었다. 지금껏 한 재즈댄스, 요가, 헬스 등을 확인했다. 고등학교 시절 척추측만증이 있어 요가로 효과를 톡톡히 보았다. 이번에는 몸의 순환이 되는 것을 먼저 하기로 했다. 필라테스 수업을 했다. 첫째 날 수업부터 몸이 뻣뻣해 마음과 몸이 따로 움직였다. 다음 날 수업을 하고 집에 왔는데 몸의 반이 이상했다. 생각대로 움직여지지 않고 통증이 심해 누워만 있었다. 시선을 다른 곳으로 돌리기 위해 티아우바 예언, 아틀란티스 문명에 대한 영상을 쉼 없이 보았다.

계속 누워 있으니 할 수 있는 게 제한적이었다. 전현무, 오상진, 한석준의 3명의 아나운서가 진행하는 〈프리한19〉를 보았다. NASA가 공개한 외계인 실존 증거, 신의 유산 아틀란티스(바닷속 인공 도로), 세계 7대 불가사의 문명(이집트 피라미드) 등의 방대한 내용을 쉼 없이 듣고 보았다. 통증을 잊을 만큼의 집중력이었다. 그리고 외계인에 대한 영상들을 여러 개 보았다. '외계인은 반드시 실존한다'라고 생각하게 되었다.

로즈웰 추락 UFO의 생존 외계인 인터뷰 극비 기록설에 대한 영상이 보였다. 재생 버튼을 눌렀다. 2007년 한 통의 편지가 영적 우주에 대한 사실과 환상을 탐구하는 한 작가에게 도착했다. 여성 간호장교 맥엘로이 여사는 극비사항 이야기를 해야 할지 말아야 할지, 깊은 고심 속에 평생을 살아왔다. 정부의 누설을 막기 위해 많은 사람이 죽어나갔다. 그녀는 그 부분에서 깊은 회의를 느꼈고, 임종이 가까워지자 평생 가족들에게조차도 숨겨온 모든 자료를 한 작가에게 맡겼고, 이는 책으로 출간되었다.

1947년 7월, 미국 뉴멕시코 로즈웰에서 UFO가 벼락을 맞으면서 추락하는 사고가 났다. 그 사고로 3명의 외계인이 죽고, 1명만이 생존했다고 한다. 그것이 에어럴이었다. 에어럴은 그 누구와도 소통이 안 되었지만 맥엘로이와는 텔레파시로 소통했다. 에어럴은 도메인이라고 하는 스페이스 오페라 문명 소속의 탐험대 장교, 파일럿, 엔

지니어다. 이 문명은 물리적 우주 전체를 통틀어 1/4에 해당하는 우주공간 내에 있는 은하계, 별, 행성, 달, 그리고 소행성들을 관리한다. 에어릴의 키는 약 1m 남짓 정도였고, 3개의 손가락과 발가락을 가졌으며, 머리에는 입, 코, 귀 같은 기관이 없었다. 자체적으로 몸에 에너지를 공급하고, 산소나 음식과 물도 필요하지 않았다.

에어릴은 도메인에 속하는 언어 347개를 유창하게 구사하지만, 영어를 배운 적이 없었다. 알고 있는 지구 언어는 베다 찬송가를 썼던 산스크리트였다. 에어릴은 영어를 배우고 맥엘로이에게 다양한 수업을 해주었다. 수업의 종류는 고대사, 근대사, 사건연대기, 생물학, 과학, 불멸성 등에 관한 것이다. 에어릴은 스스로 창조자이고, 창조의 어머니이자 원천이라고 했다. 개인적으로 모든 생명체가 영원불멸의 존재라고 믿으며 인간도 마찬가지라고 했다. 이러한 영적 영원불멸의 존재들은 이즈비라는 호칭을 써서 부른다. 영원불멸의 영적 존재들은 영원한 시간대에서 그냥 존재하는 것이고, 존재하기로 선택했기 때문이다.

또한 사회에서 낮은 위치에 있는 존재라도 모든 생물체는 전부 이즈비다. 이제 인간도 이 사실을 깨달아야 할 시기가 왔다고 말했다. 그런 이야기를 믿지 못하는 맥엘로이에게 에어릴은 시범으로 "너의 몸을 떠나라"라고 외쳤고, 그러자 순간 맥엘로이는 자신이 육신을 떠나는 것을 느꼈으며, 자신의 모습을 아래로 내려다보고 있었다. 그 순간 그녀는 자신 역시 영원불멸의 영적인 존재라는 것을 실감할 수 있게 되었다.

영상으로 반복해서 듣고 온종일 그 내용이 생각났다. 이즈비가 나인 것 같았다. '나네, 나. 기억상실 걸렸던 거야', '하나부터 열까지 지구에 내 취향인 것이 없었잖아' 점점 더 강하게 그렇게 믿게 되었다. 몇 번을 보면서 나는 에어럴의 말을 따라 했다. "이 몹쓸 육체 덩어리를 냉큼 떠나가라. 빨리 냉큼 떠나라"라고 했다. 누워서 계속 생각이 났다. 출간된 책이 궁금해 《외계인 인터뷰》를 주문했다. 다음 날 바로 받아서 책을 품 안에 안았다. 그녀의 진심이 느껴지는 것 같다. 출간되기 전까지 많은 이들의 목숨을 맞바꾼 책의 내용이 모두 믿어졌다. 누워서도 책을 읽어나갔다. 심장 박동수가 빨라졌다. 내 정체성을 찾은 것 같다.

기원전 3만 년 전, 지구는 쓰레기장 혹은 범죄자나 비동조자를 의미하는 '불가촉천민'으로 판명된 이즈비들을 수감하는 감옥으로 사용되었다. 다양한 지역에서 생포된 구제국의 이즈비들은 전자 덫에 싸여 지구로 수송되었다. 지하 '기억삭제 통제부'는 화성을 비롯해 지구의 아프리카 르웬조리 산맥, 포르투칼 피레네 산맥, 몽고 대초원지대에 세워졌다. 전자 스크린을 창안한 이 전자 감시국은 이즈비들이 죽음을 맞아 몸을 떠날 때 이즈비들을 찾아내 생포할 수 있도록 전자 스크린을 고안했다. 그리고 이즈비를 영원한 기억상실 상태에서 지속해서 지구의 인류로 살아가게 할 목적으로 강력한 전기 충격 요법으로 세뇌시킨다. 장거리 전자 생각 제어 시스템은 더 많은 인구를 통제할 수 있도록 해주었다. 내 안에서 에너지의 진동이 요동쳤다. 영과 혼이 진실임을 가리키고 있었다.

이번에는 이집트에 관한 내용이었다. 피라미드 문명은 있는 그대로의 사실을 알지 못하게 만들었고, 겹겹의 거짓말과 몇 안 되는 사실을 교묘하게 짜맞춰 공들여 만든 것이다. 이즈비가 생포되어 기억 삭제 요법을 받고 그들의 고향으로부터 멀리 떨어져 있는 행성에 수감되었다는 사실에 관심을 두지 못하도록 주의를 딴 데로 돌리기 위해서다. 지구에 사는 개개인의 이즈비 모두가 다른 행성계에서 지구로 왔다. 지구에 있는 누구도 원주민이 아니다. 인간은 진화하지 않았다. 구제국 사제들이 기억해내는 것을 막아내는 것이다.

불편한 몸을 좌우로 조금씩 움직였다. '지옥행성 같은 곳에서 모든 것에 거부감이 있었던 거야.' 지구의 모든 것이 쓰레기 같다는 사실에 더 확신을 더했다. 이즈비라는 존재가 어둠 속 갈 길 잃은 배에게 등대 같았다. 죽음에 대한 회의감도 떠올랐다. 외할머니와 외할아버지의 죽음으로 큰 충격을 받았다. 장례식장에 불참했다. 나는 '사람은 왜 태어나고 또다시 죽어야 할까?' 하는 의문이 늘 있었다. 사후세계 후 구원으로 가는 방법을 몰라 무의미하게 느껴졌다. '이 구제국 악의 축들아, 사람을 노예로 만들어 열심히 공부한 스펙만큼 노동으로 추가시켰지? 죽어서 가져갈 수 없는 집의 대출금도 평생 갚게 만들었지? 평생 돈 벌다 허무하게 죽어가게 했지? 우리를 불행하게 한 강력 범죄자, 이제야 찾았어!' 화가 치밀어 올랐다. '가짜 세상에 우리가 노예라는 것을 진짜라고 믿게 했을 테지? 못된 요괴들아!' 마음을 진정시키고 다음 내용을 읽을 준비를 했다.

　도메인 측에서 파견된 대원 중 한 명이 맥엘로이였고, 도메인 측에서 비밀리에 구제국을 몰아내기 위해 한 특별군사작전 중에 3,000명의 장교와 대원들이 구제국 부대의 공격을 받고 파괴되었다. 도메인은 이 지구가 구제국에 의해 감옥으로 사용되고 있다는 사실을 알아차리지 못해서 그 기지를 요새화하는 데 실패했다. 부대의 공격을 받고 파괴되었다. 도메인 대대의 이즈비들은 붙잡혀 강제수용되어 기억삭제 시술을 받고 인간의 생물학적 육체로 살도록 다시 지구로 보내어졌다. 그들은 아직도 지구에 살고 있다.

　글을 읽으며 체한 것같이 명치가 꽉 막힌 듯했다. 믿기 힘들어하는 사람들에게 공상과학소설 등이 아니라 '책 속의 내용이 진실이다'라고 외치고 싶었다. 이 책을 읽고 영상을 들으며 깨달았다. 시골 산길을 가다가 길을 잃었을 때다. 길 앞에 큰 바위가 가로막고 있었다. '지금껏 걸었던 길은 네 길이 아니야'라고 멀지만 다른 길을 가야함을 알 수 있었다. 그 시점에 놓인 듯했다.
　그리고 과거에 교수님의 강연을 보고 난 후의 여운이 떠올랐다. 어항 속에 우선시 생각하는 큰 돌, 작은 돌, 자갈, 모래를 채운다. 큰 돌의 의미는 누군가에게는 직장, 부모, 결혼, 건강, 돈, 여행, 친구, 직업, 재물 등일 것이다. 각 개인이 선택하고 결정했다.

어항이라는 인생 속에 큰 돌을 집어넣고 우선순위를 정하는 시간이었다. 그런데 나는 강연을 보는 동안에도, 그 이후에도 큰 돌의 우선순위를 찾지 못했다. 나만의 경험이라는 재산을 큰 돌로 선택해도 성에 차지 않았다. 남들처럼 직장, 부모, 결혼, 건강, 돈 등, 그 어떤 것도 아니었다. 그동안 작은 돌멩이나 모래들만 차 있었다. 큰 돌멩이를 채우지 못한 허전함이었다. 사회 부적응자의 꼬리표가 생겨 허탈감이 커졌다.

그런데 로즈웰 사건을 듣고, 책을 통해 중요한 것을 채웠다. 내가 가장 소중하게 여기는 답을 찾았다. 평생 많은 경험으로 찾지 못한, 인생의 집을 짓기 위한 주춧돌까지 찾게 되었다. 그렇게 내 인생 어항에는 큰 돌이 허무함을 채웠다. 이즈비라는 말이 떠나지 않았다. 많은 사람이 이 내용을 믿는 나에게 미쳤다고 할 것이다. 질책할 것이다. 하지만 진짜 미친 것은 이 가짜 세상이다. 이 미친 세상을 제정신으로 살 수 없다.

에어럴이 일부러 붙잡혀서 전해준 진실이 아직도 마음을 울린다. 사회에서 낮은 위치에 있는 존재라도 모든 생물체는 전부 이즈비다. "나는, 우리는 영원불멸의 존재다." TV에서 원숭이의 기억을 지우고 계속 나무에 올라가 바나나만 가지고 내려와 식량을 받는 실험 영상이 떠올랐다. 피가 거꾸로 솟았다. 지금 사람들의 모습 같았다. 맥엘로이 여사님의 죽음의 문턱에서의 용기를 되새겨본다. 수많은 이들의 목숨과 맞바꾼《외계인 인터뷰》속의 진리는 결코 헛되지 않을 것이다.

기억하라.
당신은 세상의 빛이다

공원 벤치에 앉아서 바오바브 나무를 연상케 하는 나무를 보았다. 까치가 나뭇가지 위에 앉았다. 어디선가 까마귀가 날아왔다. 문득 삶에 있어서의 빛과 어둠에 대한 의문이 들었다. 빛은 무엇일까? 또 어둠은 무엇일까? 빛과 어둠의 추상적인 의미를 정의 내릴 수 있을지 모르겠다. 어린 마음에 '혹시 어둠이 꿈속으로 온 건 아닐까?' 하고 생각한 적이 있다.

언제부터인가 꿈에서 본 것이 현실로 나타나곤 했다. 처음에는 억울한 일, 구설수, 병, 죽음 등에 관한 꿈이었다. 꿈을 통해 본 미래를 현재에서 한 번 더 경험했다. '왜 이렇게 잘 맞을까?' 하고 덜컥 겁이 났다. 그래서 꿈을 꾸지 않으려고 노력한 적도 많았다. 처음에는 느낌적으로 누군가가 계속 생각나서 전화를 걸었다. "너 있잖아. 괜찮아?"라고 물었다. 상대는 "어떻게 알았어?"라며 화들짝 놀라곤 했다. 주위 사람들의 "신기 있는 거 아냐?", "귀신에 씌었나? 악령? 어둠?"

이라는 말에 속상한 마음에 오랜 세월 꿈 이야기를 하지 않았다. 그렇게 시간이 흐른 2024년 새해부터 또다시 꿈을 자주 꾸었다. 머릿속에 맴도는 꿈 내용을 기록했다.

1월에서 2월경에 '진리가 자유케 하리라'는 꿈을 꾸었다. 나는 한 달째 누워 있었다. 우울감이 극에 달해 뛰어내리고 싶다는 생각이 들어 복도를 향했다. 하지만 아래를 내려다 보는 순간 무서웠다. 한 달 동안 지구 미스터리, 한반도 예언, 남북 전쟁, 지구 멸망 징조 등의 영상을 쉼없이 보았다. '죽음에 맞닥뜨려 이런 것을 보게 되는 걸까?' 알고리즘을 통해 구세주 김도사 님의 유리엘 대천사 메시지 영상을 보게 되었다. 그 뒤 관련된 다양한 영상들을 보며 정신이 번쩍 들었다. 그 이후 쉼 없이 김도사 님 영상에 빠졌다. 오랜 의문의 답을 순식간에 찾은 듯했다.

'한책협' 카페 프로님께 전화했다. 그분을 만나려면 무엇부터 해야 하는지 영적 성장 수업의 조언을 구했다. 그리고 미팅을 잡았다. 잠자기 전, 두 자아가 갈등을 일으켰다. 어머니를 무기도 없이 종교에서 구출하려고 한 시간이 떠올랐다. 무모한 정의감에 몸서리쳐졌다. 이어 자책감이 눈덩이처럼 불어났다. 종교에 대해 신물이 났다. '김도사 님이 또 다른 종교이면 어떻게 하지?' 더 이상 종교와는 엮이고 싶지 않았다. 하지만 마지막 희망 같았다. 복잡한 마음이 뒤엉켜 잠이 들었다. "진리가 자유케 하리라"라는 음성이 들렸다. "네?" 그렇게 '진.리.가.자.유.케 하.리.라'라는 소리에 잠이 깼다.

그날 이후 종종 나는 꿈인 듯 아닌 듯 자기 전에 눈을 감거나 깼을 때 처음 보는 장면이 반복되었다. 동그란 우주에서 빛이 지그재그로 물결을 이룬 듯 나온다. 진보라, 진파랑, 분홍색 빛으로 선명했다. 진동이 느껴질 정도로 생생한 모습이었다.

3월 1일에 '천국의 문'이라는 커다란 책이 보였다. 표지 앞에 굵은 은색 자물쇠가 끊어져 있었다. 퍼져 있는 실구름 같기도 하고 불투명한 빛 같기도 했다. 모락모락 실구름 빛이 미미하게 피어올랐다. 책 뒤에 아인슈타인 이미지가 보였다. 그분은 김도사 님이셨다. 하얀 옷을 입고, 천국의 문을 연구하고 계셨다. 깨달음과 지혜의 답을 찾을 때마다 고개를 끄덕이셨다. 그리고 다시 책을 보셨다. 밝은 빛 아우라가 보이고 연구에 몰입하고 계셨다.

꿈을 꾼 후에 10년 전 감행한 종교 구출 작전이 생각났다. 논문을 써서 예수님의 사랑을 전하고 싶은 마음이 소환되었다. 예수님과 인도 크리슈나에 대한 메모도 함께였다. 예수님과 신들이 외계인이라는 말에 충격을 받았었다. 지금껏 모든 것이 허상이라는 사실에 성경책과 통일교 교리에 대해 메모해둔 것을 다 버렸었다. 그런데 그것들이 10cm 남짓의 침대 아래 서랍장 틈에 있었다. 소름이 돋았다. 이러한 상황을 예측이라도 한 듯했다.

3월 11일에 에너지 형태로 파도처럼 웃어주신 돌아가신 할머니 꿈을 꾸었다. 2년 전쯤이다. 이제 집에 어른이 없다고 생각했다. 장례식을 급히 다녀온 뒤 혼자 도망치듯 짐을 챙겨 집을 나왔다. 생각보다 할머니의 죽음을 인정하는 게 쉽지 않았다. 60년 동안 6남매 뒷바라지하시며 고생만 하시다 가신 할머니가 떠올라 마음이 아팠다. 꿈에서 할머니께 "글은 꼭지 쓰는 게 시작인데 너무 어려워요" 하고 투정을 부렸다. "할머니, 하지만 꼭 해낼 거야"라고 했다. 이어서 "이것들아, 뭣이 중힌디?" 하며 〈곡성〉의 대사를 따라 했다. 할머니와 장난쳤던 말투가 나왔다. 할머니는 사람의 몸 형태는 없고 파도 물결의 에너지 파장처럼 웃어주셨다.

4월 14일에는 7세 시절에 애국가를 지휘했던 것을 똑같이 재현하는 꿈을 꾸었다. 7세 때 소운 미술학원 졸업식 때 흰색, 파란색이 섞인 한복을 입고 애국가를 지휘했었다. 그 장면이 선명하게 꿈으로 나왔다. 미술학원 선생님께서 4/4 박자를 이해시키기 위해 손동작을 가르쳐주셨다. 애국가 가사가 선명하게 들렸고, 지휘를 하며 꿈에서 깼다. 너무도 입체적이었다. 그 시절 사진을 찾아보기도 했다. 나는 과거에 잠시 다녀온 것이었다. 어떤 의미인지 몰랐다.

4~5월경에는 '나는 신인 합일이다' 하고 뛰어내리는 꿈을 꾸었다. 전쟁 속이었다. 혼란 속 어둡고 황폐한 분위기였다. 세상은 잿빛이었다. 그곳을 지나 높은 건물을 향해 뛰어 올라갔다. 다다다다! 높은

건물 꼭대기에 겁에 질린 사람들이 보였다. "나는 신과 하나다! 신인합일이다" 하고 뛰어내렸다. 남북전쟁이 일어날 것 같다. 아니 반드시 일어난다. 사람들은 다 예언일 뿐이고 전쟁도, 종말도 없을 거라 한다. 주변 사람 몇몇은 너무 미신 같은 거에 빠지지 말라고 한다. 이것은 미신이 아니다. 꿈을 통해 미래를 보고 온 것이다.

6월 16일에는 이순신 장군 대사의 꿈을 꾸었다. 아침에 일어나서 "신에게는 아직 12척의 배가 있습니다", "신에게는 아직 12척의 배가 있습니다", "신에게는 아직 12척의 배가 있습니다"라는 영화 명대사를 몇 차례 내뱉으며 일어났다. 개봉 6일째 500만 관객을 돌파한 영화 〈명량〉이었다. 그 당시 나는 롯데시네마에서 조조영화로 여러 차례 보곤 했다. 이순신 장군이 1597년 명량대첩지(전남 해남과 진도군 사이 해협)에서 거센 물살을 이용해 12척의 배로 330척 배를 물리치는 장면은 보면서 몸의 전율과 감동, 그 이상을 받았다.

이순신 장군이 진정한 리더임을 느낀 부분도 떠올랐다. 이순신 장군은 사람들이 살려고 몸을 사리고 숨으려고 할 때 육지도 안전하지 않다고 초가집들을 다 불에 태우셨다. 그리고 하신 "죽고자 하면 살 것이요. 살고자 하면 죽을 것이요"라는 말이 정신을 번쩍 들게 했다. 가슴이 뛰고 살아 있는 듯 뜨거운 에너지가 느껴졌다. 이 꿈을 통해 깨달음이 있었다. 기억이 삭제된 내게는 슈카이브 님의 진리의 말씀과 《천국의 문》, 《창조주의 인류 구원 메시지》, 《빛의 일꾼들을 위한 마인드 리셋》,《죽음 이후 사후 세계의 비밀》,《허공의 놀라운 비밀》의 5권의 책이 있고, 함께하는 빛의 전사들이 있다.

그 외에도 이번 여름에 몹쓸 육신의 뼈 통증이 시작되고 생리통으로 꼼짝달싹 못 할 때에는 각종 새의 날갯짓을 보여주었다. 영혼의 에너지로 혼신의 힘을 다하는 꿈이었다. 또 하루는 지구별이 싫어서 빨리 떠나려는 내게 창조주님께서 나타나셨다. 예수님? 하느님? 너무 잘생겨서 입가에 미소가 번졌다. 한 손에는 아이스크림을, 또 다른 한 손에는 그분의 손을 꼭 붙잡았다. 개인적으로도, 그리고 인류를 위해서도 사명을 행하고 새 지구로 가야 함을 알 수 있었다.

폭염을 뛰어넘어 불바다 같은 늦여름, 마트 꿈을 꾸었다. 마트 안에서 사람들이 표정이 없이 기도하듯 무릎을 꿇고 있었다. 투명한 사람 형체 안에 속은 텅 비어 있었는데, 테두리만이 흰색으로 표시되어 있었다. 선명한 테두리 선에 소름이 끼쳤다. 나는 병원 같은 큰 단체로 이동했다. 수많은 사람들이 무릎을 꿇고 있었고, 그 어떤 생각이나 말도 할 수 없었다.

꿈에서 깨 아이패드에 저장되어 있던 유일한 책인《어느 요기의 자서전》을 들었다. 두꺼운 책이라 엄두가 안 났지만, 책 표지가 유독 밝게 느껴졌다. 그렇게 나는 20세기 가장 위대한 요가 지도자의 책을 읽기 시작했다. 완성에 이른 요기의 의식은 자연스럽게 좁은 육체가 아닌 우주적 구조와 일체가 된다. 자신이 편재하는 영임을 아는 사람은 더는 시간과 공간 속에서 육체의 경직성에 종속되지 않는다. 내가 곧 영이라는 깨달음이 영혼을 물질 속에 가두는 '통과할 수 없는 고리(ring-pass-not)'를 녹여버린 것이다.

"빛이 있으라 하시니 빛이 있었다." 신은 우주를 창조할 때 첫 번째 명령으로 가장 본질적인 요소인 빛을 만드셨다. 시대를 초월해 모든 헌신자는 신이 불꽃과 빛으로 나타난다고 증언하고 있다. 완전한 명상을 통해 자신의 의식을 창조주와 합일시킨 요기는 우주의 본질을 빛(생명 에너지의 진동)으로 인식한다. 물질 의식에서 자유롭고 3차원의 공간과 4차원의 시간에 속박되지 않는 성인(聖人)은 빛으로 이루어진 자신의 육체를 흙, 물, 불, 공기의 광선 너머로 쉽게 이동시킬 수 있다. 요기는 오랫동안 영혼의 눈에 집중함으로써 물질과 그 무게(중력)에 관련된 미망을 송두리째 깨뜨릴 수 있는 힘을 얻는다. 그는 우주를 신이 창조한 그대로, 즉 본질적으로 구별이 없는 빛의 덩어리로 본다.

지금은 어린 시절처럼 빛과 어둠에 대해 막연하게 느끼지 않는다. 내면의 성장을 통해 내 안에 빛과 어둠이 있다는 것을 안다. 꿈은 어둠이 아니다. 무지함에서 앎으로 나아간 것이다. 그래서 세상을 바라봄에 있어 단단해졌다. 고차원들은 육체와 영혼을 분리하는 것이 가능하다. 보통 사람은 죽는다. 나는 꿈을 통해 자유로운 영혼이 과거와 미래를 넘나들었다는 것을 안다. 한낱 육신에 갇힌 노예가 아니다. 가짜 세상 속에서 내 존재를 분별하는 명확함이 생겼다. 그렇게 움츠린 영혼의 날개를 펼치고 있다.

단, 어둠은 질문도 금지다. 지구에 남아 있게 될 것이다. 빛의 근원으로, 나의 고향으로 돌아갈 준비를 한다. 나는 세상의 빛이다. 우리는 빛이다. 영원한 창조주님이 계신 곳, 사랑이 가득한 아름다운 곳으로 돌아갈 것이다. 빛의 근원으로 복귀한다.

2월 14일,
김도사 님을 만나다

과거 보험설계사를 경험했다. 처음에는 KB 손해 보험에서 교육을 받았는데, 그때 기수들의 대부분이 중국어 교사, 영어 강사, 미술 강사 등이었다. 교육 강사님이 이번엔 엘리트 기수들이라고 해주셨다. 한 달도 채 안 되어 수십 명의 기수들이 우리를 상대로 영업하냐고 화를 내며 하나둘씩 그만두기 시작했다. 그래도 나는 2년은 경험해 보기로 했다.

그러나 회사의 이윤 추구와 내가 추구하는 것이 달랐다. 보험계에서 10~30년 이상의 경력을 가지고 계신 교육 강사님께 몰래 찾아가서 도움을 청했다. 교육 강사님은 비용, 가치, 보장의 3대 틀로 고객 입장에서 양심적인 보장 분석을 말씀해주셨다. 그 후, 출근 시각보다 2시간 일찍 나왔고, 증권을 객관적으로 분석하는 힘을 키워나갔다. 양심적으로 하니 설계 매니저님이 회사에서 싫어하는 담보를 제재했다. 고객의 유리함이 아닌 환산 점수가 높은 것을 권했다. 순응

하지 않고 양심적인 틀을 배웠다.

교육을 받으면서 결석이 잦고 몸이 안 좋은 언니가 있었다. 신경이 쓰여 교육 자료를 챙겨주었다. 차를 마시며 대화를 나누었다. 과거에 은행 일을 하며 값비싼 명상센터를 다녔다고 했다. 지금은 부자가 되기 위한 강의에 참석하며 명리학을 배우고 있었다. 내게 부자가 될 수 있는 책을 권했는데 《더 해빙》이라는 책이었다. 이 책은 아무나 볼 수 없다고 말하며, "네가 이 책을 알게 된 건 큰 행운이고, 이제 부자가 될 거다"라고 했다. 부자라는 단어에 그 책을 10권을 구입해 주변 사람에게 나누어주었다. 그런데 그 책을 읽으려고 할 때마다 무슨 이유인지 계속 덮기 바빴다. '책을 마음 잡고 읽으면 몇십 권도 읽는데 왜 이러는 걸까? 부자와 거리가 먼 걸까?' 그 후에도 수차례 시도했다. '이상하다. 책을 왜 자꾸 덮는 걸까?' 하지만 그 후에도 역시 목차를 보고 다시 책을 덮었다.

'부자 성공학에 대한 영상이라도 봐야지' 하며 검색했지만, 집중이 안 되었다. 유튜브에서 '김도사 100% 기도 응답 받는 법', '200억 부자 되는 법', '책 쓰기로 돈 버는 방법' 등의 영상이 보였다. 종교 생활을 하고 있지 않았지만 제목이 사기꾼 같았다. 한참 동안 회의감이 가득 찬 생각을 몸 안으로 삼켰다. 끊임없이 의문과 반문이 교차해 선인장 가시로 덮인 몸이 된 듯했다.

'오랜 시간 기도를 하면서 우는 것도 지쳤습니다. 응답을 받고자 하면 시간이 너무 걸려서 지칩니다.', '하나님은 왜 저희들을 가난하게 살게 하십니까! 예수님이 이 시대에 오신다면 자본주의 시대에 돈을 잘 버는 법을 가르쳐주셔야죠!', '돈을 많이 벌면 사기꾼인가요?', '지금 시대는 돈이 없으면 천민입니다.', '종교 생활을 하는데 왜 그리 궁핍하나요? 영상처럼 몇백억씩을 가진 시민들도 부자면 좋잖아요? 아니, 듣고 계세요?', '젊은 부자가 더 멋진 것 같습니다.', '종교도 싫고 내가 예수다 하는 거짓 지도자도 진저리가 납니다.', '아니, 부자가 천국에 가는 것이 낙타가 바늘구멍에 들어가는 것보다 어렵다고 하셨죠? 부자면서 천국도 가면 좋지 않습니까?', '이제는 내가 예수님이다. 직접적으로 말씀하셔야 믿을 겁니다. 전 지쳤습니다. 대한민국에 종교 사기꾼이 천지인데 언제 나타나시겠습니까?! 계시긴 한 겁니까?' 자꾸만 심통이 났다. 그렇게 부의 대한 질문이 삶의 회의로 이어져 답을 찾지 못하고 시간이 흘렀다.

　보험 영업을 고객을 위한 확고한 신념대로 한다면 몇 년 적자일 것 같았다. 대리점에서 일하면서 1년 동안 보험설계사 사람들에게 내게 관심도 주지 말고, 말도 걸지 말라고 말했다. 모든 것에 벽을 긋고 팀장 한 사람하고만 업무적인 대화를 했다. 참 유치한 시간이었다. 부자가 된다는 책을 권한 언니는 챙겨줄수록 이기적인 사람이었다. 그녀는 사람들을 비하했고, 주위 사람들을 치를 떨게 했다. 마음으로 챙겨준 언니를 끝으로 내 마음에서 사람을 끊어내는 작업을 하게 되었다. 영업도 힘든데 한 해 동안 사람 때문에 더 힘들었다. 팀장님, 지점장님, 단장님 모두가 그 언니로 인해 마음고생이 많았다. 나르시스트라는 말을 계속했을 정도였다. 나는 상류층에 관한 것은 그 어떤 것도 경험하지 못한 채 일을 그만두었다.

시간이 흘러 한책협 카페를 알게 되어 내면 성장과 의식 성장을 하게 되었다. 카페 활동을 통해 의식 성장에 대한 책들도 읽게 되었다. 김태광 대표님이 쓰신 《더 세븐 시크릿》이라는 책을 읽었다. '상위 1% 부와 성공의 절대 법칙'이라는 문구가 보였다. 작가의 말에서 과거를 먼저 알 수 있었다. 가난한 집안 환경, 국민학교(현 초등학교)를 중퇴한 부모님, 말더듬증, 반에서 꼴찌, 2년 졸업의 요소들을 읽기 시작했다. 아버님께서 그라목손 농약을 드시고 자살을 하셨다는 이야기에 가슴이 철렁했다. 김태광 대표님은 아버님의 죽음을 통해 응급실에서 아비규환을 겪은 후 힘든 것을 이겨내셨다. 대표님은 개인적으로 죽음에 대한 공포와 두려움이 크셨다는데, 20대 초반 외할머니와 외할아버지가 동시에 돌아가셔서 충격이 배가 되었다고 한다. 죽음을 부인하고 장례식에도 못 간 채, 두려움 속에서 자기 자신과 싸우기 위해 꽤 많은 시간이 필요하셨다고 한다.

배가 고파서 사흘을 물로만 버티고, 발의 통증을 참으며 굶주린 배를 채우기 위해 일당 6만 원을 벌었다는 문장을 읽으면서 코끝이 찡했다. 꿈을 이루기 위해 7년간 고군분투하며 글을 썼지만, 출판사에

500번 이상의 거절을 당하며 출간했다는 부분을 읽으면서 시련과 고난을 뛰어넘는 그 이상의 분인 것 같았다. 책을 읽으며 눈물이 차올랐지만, 눈물을 통해 나의 과거 감정으로 돌아가기 싫었다.

김태광 대표님은 지금은 개인적으로도 300권의 책을 쓰시고, 1,200명의 평범한 사람들을 작가로 배출시켰을 뿐만 아니라 글쓰기, 책 쓰기, 1인 창업, 성공학, 부자학, 내면의 변화, 의식 성장과 관련한 분야에서 우리나라 최고의 위치에 서게 되셨다. 수많은 이들이 삶의 변화를 통해 경제적 자유인이 되었다. 그들은 자신의 경험과 지식, 지혜와 깨달음을 전하며 행복한 삶을 누리고 있다. 이름만 대면 알 수 있는 유명 작가, 코치, 유튜버들도 많다.

대표님은 글쓰기, 책 출판 관련 특허를 하나씩 보유하고 있다. 16권의 초·중·고 교과서에 수록되기도 하셨고, 저작권이 중국, 대만, 태국에 수출되기도 했다. 그리고 작사가로 데뷔하기도 했다. 글 쓰고, 책 쓰고, 상담하고, 코칭을 하며 살던 삶에 2023년 11월 24일, 유리엘 대천사가 찾아와 2천 년 전 이스라엘에 태어나 복음을 전파한 예수님이라고 전했다. 이 말은 세상을 발칵 뒤집어놓을 수 있는 엄청난 말이었다. 김태광 대표님은 이에 조롱하고, 모욕하고, 비난하는 사람들이 적잖이 생겨날 수 있다고 예측하셨다.

김태광 대표님, 즉 슈카이브 님은 곧 미래에 일어날 어마어마하고 충격적인 사실에 인류애를 위한 사명을 행하고 계신다. 개인 소유 아파트, 각종 수입차, 땅 등 모든 재산을 다 팔고 얼굴 등 모든 것을 밝히면서 말이다. 전 세계에 자신이 평생 일궈온 200억 원의 재산을 버리고, 마지막 시대의 사명을 받을 사람이 과연 있을까? 있으면 꼭 연락해주길 바란다. 창조주님을 통해 인류 멸망 시나리오를 알게 되었다. 슈카이브 님은 창조주님의 아들로 금성에서 육화하셨다. 그분의 사명은 지구 극이동 직전에 이루어지는 1차 상승 때 고차원 영들을 건져내고, 인류의 영적 성장, 아버지의 새 나라의 성전 건립, 새 나라에서 사용될 교재, 계시록 집필 등의 사명이다. 한 사람의 영도 억울하지 않도록 구하라는 사명을 받고 모든 것을 아버지 뜻대로 이루고 계신다.

최근 대통령 후보들이 유세전에 돌입했다. 길 곳곳에서 선거 후보 공약 글귀가 보였다. '이제부터 진짜 대한민국', '새롭게 정정당당', '미래를 여는 선택', '갈아엎자! 불평등 세상', '광화문 정신 정치 교체', '부정선거 척결, 청년에게 미래를' 같은 글귀가 보였다. 할아버지께서 걸음을 멈추셨다. "국민 생각은 안 하고, 정치하는 것들이 평생 돈으로 다 해 처먹거나 하고 말이여. 거짓부렁은 언제 끝이 나냐? 나라 꼴 하고는! 어험" 하며 헛기침하셨다. 귀를 쫑긋하고 듣고 있다가 고개를 끄덕였다. 빠른 발걸음으로 목척교를 걸었다. 'Mokcheok Bridge'라는 안내판이 보였다. 한국전쟁 당시 부산 피난민들이 헤어진 가족을 찾기 위해 '영도다리'를 서성거렸다면, 피난민들은 목척교를 만남을 기약하는 장소로 택했다. 목척교는 대전을 생각할 때마다 아련히 떠오르는 풍경이자 상징이다. 전쟁에 대한 충격적인 사진과 영상이 떠올랐다. 머리를 절레절레 내둘렀다.

6.25 전쟁과 보릿고개 시절을 보낸 부모님과 일본의 식민지를 35년간 받은 조부모님들은 더 하실 것이다. 그분들의 희생 속 버팀이 느껴졌다. 그 속에 국민과 오늘이 있었다. 감사함이 몽글몽글 맺혔다. 정치와 전쟁을 생각하며, 은행동 골목을 들어섰다. 코로나 이후 임대 공실이 많이 보였다. 이곳은 도심의 상권인데도 구제 매장이 빼곡히 들어섰다. 안에 들어서니 명품 상품이 진열되어 있다. 잊고 있었던 브랜드들도 보였다. 중고와 신상품이 섞여 있었다. '사람들은 왜 이리도 명품에 열광할까?' 하는 생각이 스쳤다. 앞 매장에 사실적인 백두산 호랑이 프린트 문양과 옷이 보였다. 유리 진열대 앞에는 황금빛 태극기 문양 옷이 보였다. 정의의 사자 같았다. 신비로운 에너지가 감돌았다. 매장 사이에 가만히 서서 한참을 바라보았다. 눈 부신 햇살 속 시원한 바람이 불었다. 휘날리는 황금빛 태극기 무늬 옷이 보였다.

상상의 나라로 들어갔다. 내가 꿈꾸는 우리나라에 상상의 스케치북을 펼쳤다. 물감의 색감은 보석에서 골랐다. 자연의 아름다움을 담은 에메랄드, 독특한 황록색에 올리브와 라임이 추가된 페리도트, 푸르스름하고 노란색을 띤 토르말린, 투명하고 강렬한 차보라이트 가넷, 눈부신 광채 불꽃이 나오는 모이사나이트, 강한 힘과 행복감을 품은 반짝이는 광채의 지르콘…. 떨림과 설렘으로 그려나갔다.

제일 먼저, 돈의 개념이 사라져 일을 하지 않는다. 시간이 자유롭다. 옷도 물건도 사지 않고, 무료 대여를 할 수 있다. 어린 시절, 갖고 싶은 것을 위해 계속 일해야 했기에 노예처럼 일하는 게 싫었다. 자신을 위해 리차드 클레이더만(Richard Clayderman) 피아노곡 등 다양한 음악을 마음껏 듣고 싶다. 미술 작품에 시간을 많이 보내고 싶었다. 날마다 풍성한 과일들을 먹고 싶다. 자연 속에서 건강한 먹거리도 가득한 곳이면 좋겠다. 사람들에게 받은 상처가 너무 커서 오랫동안 아파했지만, 그럼에도 사람들이 좋다. 이타적인 사람들만 있어서 서로에게 사랑을 나눠주는 모습을 더 선명히 그려본다. 내면과 외면의 아름다움이 일치하는 사람들이기에 서로를 위하고 아껴준다.

글을 쓰면서도 미소가 지어진다. 이 세상은 또한 범죄자들이 존재하지 않는다. 법원도 경찰서도 공공기관도 없다. 다음은 석가모니의 삶으로 들어가 본다. 생로병사가 윤회하는 고통을 자각하고 벗어나기 위해 출가했다. 그 속에서 희망을 추가했다. 사람이 태어나 천년만년 살고, 건강하기에 병원도 없다. 죽음이 없어서 기쁨이 가득하다. 가짜 선지자들이 사라지면 좋겠다. 진짜가 존재한다면 종교와 정치, 현실이 따로가 아닌 전체를 아우르는 인류애로 가득할 테니 말이다.

마지막으로, 전쟁이 없었으면 좋겠다. 그 누구도 전쟁을 원하지 않을 것이다. 며칠 전, 과일 도매 상가에서 알록달록한 과일들을 보고 있었다. 한 직원이 핸드폰을 들고 뛰어왔다. 이란과 이스라엘 전쟁 기사를 보여주었다. 사람들은 웅성거렸다. 한 이모님이 "핵전쟁은 불 심판이여. 3차 세계대전이 일어나니 이제부터 물과 먹거리를 준비해야 한다"라고 했다. 옆에 계신 분은 "아! 몰라 이대로 죽을 거야"라고 했다. 카페, 마트, 모임 등에서 전쟁이 큰 화제였다.

이제 전쟁에 대한 생각이 바뀌었다. 불가리, 인도, 영국, 스리랑카, 한국의 예언가들의 공통된 키워드들을 맞춰보았다. 전쟁이 주는 두려움과 공포 속에서 주는 교훈을 알게 되었다. 자본주의 속에서 사람들을 향해 일침을 가하는 것이었다. 강대국이 핵무기 개발로 위협하고, 강압적으로 제압하려 했다. 그 욕심 앞에 사람들의 생명을 벌레보다 못하게 여긴 것이다. 핵무기에 파생되는 자료가 있다. 1977년 11월 26일 오후 5시 26분 영국 뉴스 방송 도중 전파납치 사건이다. 애슈타 은하 사령부 대변인 브릴론의 목소리가 들렸다. 6분간의 연설 내용 중 병기와 악의에 찬 지도자들을 경계하라는 주의를 남겼다. 인류의 안녕과 평화를 빌고 홀연히 사라졌다고 했다. 닭살이 돋았다. 아! 나를 오랫동안 괴롭혔던 나쁜 외계인들 일루미나티와 프리메이슨도 지구에서 추방해달라고 요청하고 싶었다. '치지직 삐리삐리 깐따삐야' 내친김에 있는 사실을 근거로 찬란한 상상력을 추가했다.

사람 목숨을 위협하고, 파멸로 이끄는 핵무기가 사라지면 참 좋겠다. 만화처럼 정의로 가득 찬 외계인이 지구 곳곳의 악당 외계인들을 물리치는 기분 좋은 상상도 더해본다. 아름다운 지구, 전 세계가 하나인 사랑과 평화만이 가득한 우주만이 존재했으면 한다.

어둠 지옥의
탈출

지난봄, 책 쓰기 과정 중에 1박 2일로 해야 하는 수업이 있다는 말에 순간 굳어버렸다. '혼자서 잠을 자야 하는데 도전해야 하나?' 잠시 멍해졌다. '갈 때 별 스탠드라도 가져갈까? 이번 기회에 도전해볼까?' 고민하다가 나도 모르게 두려움이 몰려왔다. '무리겠지?' 안절부절못하는 마음을 가다듬고 전화를 드렸다.

"1박 2일에 도전해보려고 했지만, 아무리 생각해봐도 신경쇠약에 걸릴 것 같아요. 하루 일정은 줌으로 하겠습니다"라고 했다. 집으로 돌아가며 혼자 잠을 못 자서 뜬눈으로 밤을 지새운 일생의 기억들이 주마등처럼 스쳤다.

나의 본적은 경주시 감포읍 노동리다. 친할머니는 60년 동안 쌀엿과 유과를 만드셨다. 할아버지는 내가 태어나기 전에 돌아가셨고, 할머니는 6남매를 키우며 새벽부터 쉼 없이 일을 하시고 부지런함이 이루 말할 수 없는 분이셨다. 정이 많으시고 따뜻하셨다.

어린 시절, 88 올림픽이 개최되던 날이었다. 어머니는 부부싸움으로 외할머니댁(경주)으로 가버리셨다. 아버지는 할머니 생신 잔치로 흥에 취해 계셨다. 나는 생신 잔치의 흥이 더해질수록 시골의 화장실 걱정으로 가득 찼다. 자연 속 생명의 신비와 상반된 짙고 깊은 어둠이 몰려들수록 온몸이 경직된다. 할머니와 손전등을 켜고 길을 걸었다. 화장실 가는 길에 온몸이 얼어붙었다.

집에서도 아버지가 술을 많이 드시고 오시는 날이면 모기장을 치고, 불을 끄고 눈을 떴다 감았다 하며 잠을 못 이룬 기억이 난다. 어둠 속에서 눈을 떴는데 애벌레 같은 인형처럼 특이한 모양이 보여서 아버지께 "이상한 벌레가 있어"라고 했다. "어디?" 하며 반문하셨다. 공포에 휩싸여 헛것이 보이나 했다. 분명 꿈은 아니었다. 나를 보고 웃는 듯 눈으로 뭔가를 말하는 것 같았다. 어둠이 무서워 다시 눈을 꼭 감았다.

초등학교 시절에는 한 친구네 집에 갔는데, 어른들이 볼 법한 영화 〈13일의 금요일〉을 보여주었다. 왜 내게 이 영화를 보여주었는지 속상했다. 그 무서움으로 후유증이 생겨 온몸의 세포가 마비되는 것 같은 느낌이 오랫동안 지속될 것을 알았다. 그 친구는 혼자서 공포영화를 재미있어 했다. 시각적 공포의 충격이 컸다. 그 친구가 너무도 미웠다. 그 뒤로 모른 척했다.

중학교 때는 친구들이 나를 놀래주려고 〈링〉이라는 공포영화를 내게 몰래 보여주기도 했다. 그 어둠 속 두려움은 큰 산을 이루었다. 계속 생각나고 혼자 있을 때, 공포의 소용돌이로 빨려들어 가는 것 같았다. 공포물의 후유증으로 눈을 감는 것이 고통스러웠다.

고등학생이 되어 친구들이 귀신 이야기나 섬뜩한 이야기를 하면 자리를 피했다. 귀를 막고 다른 생각에 집중하기도 했다. 시간이 지나면 좋아질 줄 알았다. 공포 장면을 보지 않기로 결심했는데, 소개팅한 남자가 재미있는 영화라고 했다. 그 영화는 공포물이었다. 나는 굉장히 화를 냈고 그 이후, 몇 년 동안 공포의 바닷속에 있는 것 같았다. 혼자 잠을 잘 때면 자꾸만 뭔가가 있는 듯한 음산한 기운을 느끼고 '나사렛예수로 명하노니 물러가라' 했다. 무서움은 사라지지 않았다. 마음을 다잡고 '어디 한번 나타나기만 해봐라. 가만 안 둘 거다'라는 말을 내뱉었다. 여전히 몸을 떨고 있었던 것 같다. 겁 많은 강아지가 뒷걸음질치고 짖어대는 격이었다.

대학생 때는 친구들이 배낭 여행을 가자고 해도, 아버지께서 계신 일본 여행도 안 갔다. 아무에게도 말 못했다. 그때는 어둠이 내려앉은 밤이 걱정되었다. 40년 평생 해외여행 한 번을 못 갔다. '왜 이렇게 살았지?'

친한 친구와 동생들 집에 놀러 간 적이 있는데, 결국 내내 잠을 못

잤고 극도로 날카로워져서 시계의 건전지를 빼고 자야 했다. 예민해진 상태로 잠을 못 이루었다.

연애할 때 플라토닉 사랑을 강조했다. 그것이 고귀한 사랑인 줄 알았다. 육체적 사랑에 제한이 많았다. 처음에는 어둠과 연관되어 있었는지도 몰랐다. 교회에서 순결 서약을 해서 약속을 지키려고 했다. 아니면 너무 보수적이고 딸 연애를 관심 이상으로 감시하는 어머니의 영향이라 생각했다.

시간이 지나 십계명을 지키는 삶이 힘겨워졌을 때쯤, 우울하고 막살고 싶어 엔조이에 도전하려 했다. 친구 어머니에게 상담을 하니 어머니는 "네가 다른 건 잘하는 게 많지만 남자에 대해서는 생각을 하지 마라. 너무 이성적이니 그냥 넘어가면 된다"라고 조언해주셨다. 결심이 섰다. 그러나 어둠 속에서 사랑을 나누기는커녕 온몸이 곤두서고 생존의 위협을 느껴 다시 죄책감에 빠졌다. 잠자리를 하려면 아담과 하와의 죄가 생각났다. 출산의 고통이 앞에 보이면서 누군가 나를 감시하는 것 같았다. '결혼해서 팜프파탈을 꿈꿔야겠지? 아직은 때가 아닌가?'

만학도에 도전하며 실기시험을 보게 된 적이 있었다. 서울 친척 집이 부담되어 여관에서 하룻밤을 묵기로 했다. 어둠이 내려앉은 방에서 밤을 샜다. 비몽사몽으로 입시 시험을 쳤다. 친구와 반드시 함께

서울로 가기로 약속을 했으나 결국 부산에 있는 학교에 다니게 되었다. 어떤 일이 있어도 서울에 가야 한다고 강조해서 더 미안했다.

30대 초반, 경기도 한 골프장 내 수입 의류 매장에서 일했다. 뉴저지에서 온 대표님이 운영하는 곳이다. 옷 소재가 너무 좋았고, 연예인 손님이 많았다. 실제로 매장 손님으로 김하늘, 홍록기, 이수근, 감우성, 장경동 목사님, 이정길, 임창정 등의 방송인이 방문했다. 옷을 다 팔기 위해 10분 간격으로 수시로 디스플레이를 했다. 골프 고객들이 모여들고 자신의 취향에 맞게 옷을 다 사 가셨다. 대표님과 사모님이 나를 많이 예뻐해주셨다. 몇 개월 만에 기숙사 생활을 마무리하고, 스카웃 제의를 받았다. 서울, 인천, 경기 일대를 옷 진열과 직원들 교육 및 관리를 하게 되었다.

인천의 한 원룸을 구해서 잠을 자려는데, 뜬눈으로 밤을 지새웠다. '밤이 왜 이렇게 무서운 걸까?' 음산한 기운을 느끼며 몸이 계속 떨렸다. 새벽이 되었다. 밖에서 우리 집을 향해 요크셔테리어가 경찰이라고 새겨진 옷을 입고 있었다. 나랑 눈이 마주쳤는데 계속 앙칼지게 짖었다. '이 방에 뭐 있는 거야. 그래서 계속 짖는 거야? 어쩜 좋아. 가지 마' 온몸이 사시나무 떨리듯 했다. 일주일도 못 견디고 다시 부산으로 왔다.

그렇게 시간이 흐르고 2021년도에 42년 만에 도망치듯 집을 나와 독립했다. 보증금 300만 원에 월세 40만 원, 7평 남짓의 집으로 왔다. 혼자 잠을 못 자서 사랑을 나누는 관계가 아닌, 생존을 위해 동거를 했다. 나는 직장 생활을 했고, 동거인은 대학원생이었다. 서로 일상 패턴이 달라 따로 밥을 먹으며 지냈다. 마치 좁은 기숙사 룸메이트 같았다. 파티션을 쳐놓고 개인주의 생활을 했다. 대학원생인 동거인의 본가가 장거리여서 없는 날도 많았다. 그런 날마다 나는 뜬눈으로 밤을 지새웠다. 평생을 그러했지만 나 자신이 할 수 없는 게 많아 침울했다. '평생 이렇게 밤의 공포를 떠안고 살아가겠지?' 싶었다.

체념 속에서 2024년 3월 3일, '한책협'에서 책 쓰기 수업을 위해 김태광 대표님을 만났다. 김태광 대표님은 작가님들과의 이야기 중에 어둠을 극복했다고 말씀하시는 게 아닌가? 자신이 겁 많은 여자로 태어나서 겁이 많은 줄 알았다. 눈이 커지면서 "진짜요?" 하고 물었을 때의 대표님의 눈을 보고 확신했다. 무지개 색깔이 다 섞이면 어둠이라는 설명과 함께 어둠에서 빛을 만들었다는 사실에 신선한 충격을 받았다. 어둠에 대한 원리를 이해하고 부산에 도착해서 방 안의 불을 끄고 녹음한 것을 들었다. 40여 년 만에 지긋지긋한 족쇄 같은 어둠을 극복하는 기적이 일어났다. 정말 믿기지 않을 정도였다. 그리고 감동했다. 이제는 베란다에 비춰오는 간접 조명도, 스탠드도 필요 없다. 어둠이 정말 포근하고 편안하다. 겪지 않은 사람들은 모를 것이다. 말로 표현할 수 없는 감사함을 느낀 순간이었다. 가벼운 말이 아닌, 묵묵히 변함 없는 마음과 믿음의 행함으로 보답할 것이다.

《창조주의 인류 구원 메시지》를 보면 지구 멸망 때 가장 빛나는 자가 어두운 영을 건진다. 사람들은 우주가 창조될 때 빛이 먼저, 그다음에 어둠이 만들어졌을 거라 여긴다. 그러나 정반대다. 유리엘 대천사는 아버지 창조주께서 우주를 만드실 때, 빛보다 어둠을 먼저 만드셨다고 했다. 어둠이 어둠으로 보이는 건 그 안에 모든 게 담겨 있기 때문이라고 한다. 예를 들어, 모든 색의 물감을 섞으면 검정이 나온다. 아버지께서는 어둠을 극도로 싫어하고 두려워하는 내게 친절하게도 어둠의 역할과 사명이 무엇인지 알려주셨다. 나는 이제 창조주님의 빛으로 만든 자녀임을 알기에, 지구 극이동 때 1차 상승을 하고 거룩한 성 새 예루살렘 타우라 신민이 될 거라 믿는다.

나는 천운을 가졌다. 이 시대에 맞는 새 선지자가 오셨음을 의식이 성장하면서 확신했다. 지금은 영혼 추수의 시대에 알곡과 가라지를 구분하러 오셨음을 안다. 나 스스로가 영상을 들으면서 한반도의 가장 큰 빛 재림예수님이 김태광 대표님이시라는 것을 깨달았기 때문이다.

인생의 2막, 26살이 되어버린
금가람 작가입니다

'평범했던 그녀가 1,300억 로또에 당첨된 비밀 주문을 외우고 있다. 나에게 놀라운 기적이 일어난다. 거대한 대운이 들어온다. 엄청난 기운이 쏟아진다. 로또 1등에 당첨될 운명이다. 로또 1등에 당첨되었다. 대운을 끌어당기는 사람이다. 온 우주가 나의 성공을 돕고 있다. 나는 넘치는 부를 통해 주변 사람들을 이롭게 한다. 나는 기적을 만드는 사람이다. 돈을 사랑한다. 돈 역시 나를 사랑한다.'

이 주문을 하루에 몇 번씩 반복했다. 그리고 벌떡 일어나 당첨된 사람들처럼 행동했다. 부동산에 가서 직접 그 집의 주인이 된 상상을 했다. 옆 5층 건물주가 된 상상을 했다. 그러다 주문을 잠시 멈췄다. 돈이 끌어당겨지지 않는다. 돈돈돈! 아픔, 차별, 가난, 가짜 사랑, 나와 사람들의 마음을 아프게 하는 것이었다. 그리고 어린 시절 차별받은 기억의 심장을 마주했다. 자본주의 사회에서 해결되니 도전 아닌 시도를 했다.

기분 전환을 위해 실제 사후세계에 다녀왔다는 경험담을 다룬 영상을 보았다. 그중, 평소에 술을 자주 마시고, 담배도 많이 피우면서 산 한 여성의 이야기가 나왔다. 그녀는 남편과 이혼 후 인생의 의미를 잃었다고 했다. 그러던 중, 건강 악화로 수술 중 천계에 다녀왔다고 했다. 하늘에 올라가니 천사들이 영광을 돌리며 글로리를 외쳤고, 화려하고 아름다운 각양각색의 보석이 펼쳐져 있었다고 했다. 지구와 비교도 안 되는 만큼 아름답고 좋아서 내려가기 싫었다고 했다. 아버지께서 "가서 전하라. 내가 지구에 있는 저들을 너무도 사랑한다"라는 메시지를 남기셨다고 했다. 가슴이 미어져 한참을 울었다. 이런 세상을 원하시지 않은 그분의 마음이 느껴져 울음이 멈추지 않았다. 그날 밤 잠이 들었다. 꿈에 초등학교 6학년 때 담임 선생님이 찾아왔다. 부반장을 하며 촌지로 차별받았던 아픔이었다. 돈에 대한 부정의 가시로 30년 넘게 곰삭아 있었다. 아픈 마음을 보고 있으니 음성이 들렸습니다.

"초등학교 때 담임 선생님을 용서하겠느냐?"

"네. 지구에 있는 저들을 너무도 사랑한다고 하신 마음을 떠올리며 용서하겠습니다

"카페 담당도 용서하겠느냐?"

"네(갑질로 일을 하기 싫게 만들고 아바타 같은 곳에서 살고 싶단 생각이 들게 함). 그도 용서할게요."

그러자 큰 무지개 아래 동물과 공룡들이 보였다. 알록달록 꿈동산

놀이터에서 동물들과 신나게 놀았다. 현실보다 더 생생한 장면의 꿈이었다. 오랜 시간이 지나서야 선생님을 용서할 수 있었다. 무지개 동산에서 날개가 달린 듯 계속 날고 있었다. 순간 모교를 찾아가고 싶었다. 나와 같이 차별받는 아이들을 떠올렸다. 그 아이의 마음을 어루만져 주고 싶었다. "가짜 세상이고 짝퉁 어른들이야! 하지만 곧 상상 속 너만의 멋진 세상이 펼쳐질 거야"라며 위로했다.

잠에서 깨기 위해서 세수를 하고 거울을 보았다. 지금껏 돈이 주는 불행의 기억을 돌이켜보았다. 사람들은 대출을 해서 평생 빚을 갚는다. 그렇게 집을 사고 노예처럼 살다가 병으로 고통받게 된다. 저축했던 돈도 한순간에 사라져버린다고 생각했다. 사랑을 돈으로 조건으로 사는 것도 속상했다. 내게 돈은 불행의 뿌리 같았다. 그래서 항상 돈을 0으로 만들었던 것 같다. 돈은 사람들의 마음을 악하게 하기에 그 즉시 사람들에게 줘야 한다고 생각도 했다. 선을 본 지 얼마 되지도 않은 남자에게도 "나는 사실 집 없는 천사야. 돈은 죽어서 가져갈 수 없는 것을 알아. 그 돈과 내 행복의 족쇄를 담보로 하지 않겠어"라고 말했다. 사랑도 돈 앞에서 변한다는 생각에 마음이 힘들었다.

어느 날 걸음이 잘 걸어지지 않았다. 활동성이 큰 나에게는 고문 같았다. 길을 걸으면 갑자기 무릎을 쑤셔서 주저앉았다. 오른쪽 목, 팔, 다리 전체에서 통증이 느껴졌다. 몸 전체의 통증으로 쥐가 많이 나고 순환이 잘 안 되었다. '앉아서 소설을 써야 하나? 기억은 날까?' 하고 글을 썼는데, 순식간에 2장이 넘는 글을 쓰게 되었다. 뭔가에 이끌려 술술 문장을 적어 내려갔다. 그러나 곧 한계를 느꼈다. '한국영성책쓰기협회'로 가서 책 쓰기 수업을 받기로 했다. 1박 2일 코칭을 받고 글을 썼다. 과민성 장염에 링거를 2번이나 맞으면서 글을 써보려고 했따. 이번에는 집에 있는 쇠 칸막이가 쿵 하고 쓰러졌다. 그러다 멀쩡한 눈에 일주일째 염증이 생겼고, 한쪽 눈을 사용하기가 힘들었다. 누군가는 문서 작업을 할 때 30분이면 끝이 나지만 나는 그 기계 앞에서 무언가를 하는 게 참 힘이 든다.

그렇게 7~8시간이 걸렸다. 기계 공포증이 심했고, 특히나 컴퓨터 앞에서 견디기 힘들었던 시간을 떠올렸다. 어릴 때부터 그랬다. 나는 유독 컴퓨터 앞에서 몸을 더 떨었다. 컴퓨터 학원에서 상담했다. "컴퓨터에 대한 거부감이 심하니 사랑하는 마음을 가지고 오세요"라는 말을 듣기도 했다. 사회생활을 할 때 컴퓨터는 필요 불가결했지만, 나는 어쩔 수 없이 최대한 전자파 앞에서의 시간을 줄여야 했다. 최대한 빠르게 해결할 수 있도록 매뉴얼을 외워 식은땀으로 마무리했다. 그 이후로도 컴퓨터를 배우려고 부단히 노력했다. 하지만 몸이 계속 아프고 거부감이 들었다. 신경이 날카로워졌다. 날마다 기계와 나 자신과의 싸움이 시작되었다. 화장실을 자주 가야 했고, 숨이 자주 멎었다. 어쩔 수 없이 아날로그 방법을 총동원했다.

글을 쓰면서 어린 시절의 아픈 기억으로 들어가게 된 탓일까, 나는 많이 아팠다. 지난 3월부터 한 꼭지씩 쓰기 시작했는데 쉽지 않았다. 글을 쓰다가 체형 교정을 했다. 고관절과 전체 하체를 교정해서 걸을 수 있게 되었다. 날개뼈와 등 부분의 근육을 풀었다. 지금껏 한 번도 해보지 않은 재활 운동도 배워 열심히 했다. 하지만 그러다 늦은 봄에 오른팔에 통증이 심하게 왔다. 병원에서는 60~70대처럼 팔에 구멍이 나고 마모되었다는 진단을 내렸다. 팔을 많이 사용하긴 했지만 의아했다. 병원 원장님과 물리치료 선생님도 "어떻게 그 나이에 이 부분이 이렇게 될 수가 있죠? 무슨 일 하세요?"라고 물으셨다.

한여름, 다시 일주일에 네 꼭지씩 쓰기도 하면서 3주가 지났다. 잠을 자는 동안 몸 반쪽의 통증이 더 심해졌다. 팔과 다리가 너무 저렸다. 일어나려는데 몸이 너무 뻣뻣했다. 이번에는 목과 어깨 쪽의 통증이 컸다. 진단명은 퇴행성 경추 척추증, 경흉추부, 신경 뿌리 병증을 동반한 기타 척추증, 경부 외측 상과염, 근막 통증 증후군, 아래팔 분절 또는 신체의 기능 장애였다. 더 극한의 힘든 직업을 하는 사람도 있는데, 신체적으로 이해가 잘 되지 않았다. 영적으로 카르마가 많음도 알게 되었다. 김태광 대표님을 만나고, 세심한 배려와 응원으로 글을 마무리할 수 있었다. 이 글을 통해 두 손 모아 감사함을 다시 한번 전해본다. '저의 무거운 카르마가 책 속에 알알이 박혔습니다. 깃털처럼 가볍게 해주셔서 마음껏 날 수 있었습니다. 영혼 다 해 감사드립니다.'

순금을 얻기 위해서는 불이 필요하다. 금을 녹기 위해서는 1,064도의 뜨거운 온도를 거쳐야 한다. 14번의 시련과 18번 고난을 통해, 24번의 역경을 극복했다. 그뿐만 아니라 순금이 되기 위해 수백 번의 과정 속 불순물도 소멸했다. 과거로 돌아가 금강 병원, 금강 약국, 금강 만화, 금강 유통, 금강 장례식장의 건물들을 보았다. 불순물을 어찌나 많은지 몽땅 불태웠다. 그리고 가람 약국, 가람 제과, 가람 아파트에 이어 황가람의 〈나는 반딧불〉이라는 노래가 계속 들렸다. "나는 내가 빛나는 별인 줄 알았어요. 한 번도 의심한 적 없었죠. 몰랐어요. 난 내가 벌레라는 것을. 그래도 괜찮아 난 눈부시니까"라는 가사가 주는 감동이 컸다. 작년에 들었을 때는 눈물을, 올해는 오열을 했다. 누구보다 죄가 많았던 시간들로 나 자신과 싸워야 했다. 내 삶을 금강경에 빗대어본다. 금강석(다이아몬드)처럼 단단하고 꺾이지 않는 지혜로 어떤 장애물도 부수며, 모든 집착과 번뇌를 끊어낼 수 있는 강력한 지혜를 뜻했다. 여리고 약한 자아는 아픈 만큼 강인함으로 채워졌다. 그 어떤 어둠과도 이길 눈부신 빛이었다. 더 큰 감사함과 충만함으로 채워졌다. 바위를 뚫은 소나무보다 더 강한 금가람 작가가 되었다.

마지막으로 지구별에서 체험의 큰 의미를 깨달았다. 육신이 성장하듯 영혼 또한 성장하는 것이었다. 그 어떤 상황에서도 괴로움, 고통, 화, 분노, 폭언, 우울감의 감정이 아니라 기쁨, 감사, 행복, 용서, 포용, 환희로 가득 채우게 되었다. 내 안에 눈부신 사랑만이 존재하는 진정한 나를 찾게 된 것이다. 그리고 그 아름다운 사랑을 사람들에게 나눌 수 있었다. 내 몸과 마음을 충만함으로 가득 채울 수 있는 최고의 삶이었다.

시련과 고난, 그리고 영적 성장

제1판 1쇄 2025년 8월 5일

지은이 금가람
펴낸이 한성주
펴낸곳 ㈜두드림미디어
책임편집 최윤경
디자인 디자인 뜰채 apexmino@hanmail.net

㈜두드림미디어
등 록 2015년 3월 25일(제2022-000009호)
주 소 서울시 강서구 공항대로 219, 620호, 621호
전 화 02)333-3577
팩 스 02)6455-3477
이메일 dodreamedia@naver.com(원고 투고 및 출판 관련 문의)
카 페 https://cafe.naver.com/dodreamedia

ISBN 979-11-94223-44-3 (03810)

**책 내용에 관한 궁금증은 표지 앞날개에 있는 저자의 이메일이나
저자의 각종 SNS 연락처로 문의해주시길 바랍니다.**

책값은 뒤표지에 있습니다.
파본은 구입하신 서점에서 교환해드립니다.